常識のない喫茶店

僕のマリ

柏書房

常識のない喫茶店

I 魅惑の喫茶

II おかわり

I

魅惑の喫茶

プロローグ

ある日、嫌いだった常連の訃報を聞いたとき爆笑した。わたしにはそういうところがある。ヤフーニュースにも載るほどの著名人であったようだが、店員目線で見れば、むしろよくいままで殺されたりしなかったなと思った。そのくらい店では嫌な奴だった。

わたしは小さな喫茶店で働いている。ここでは世間の常識など通用しない。働いている者がルールなのだ。自分が嫌だなと思う客には「いらっしゃいませ」も「ありがとうございました」も言わない。「ああ……」で終わる。同僚もだいたい同じ反応なので、店全体が「ああ……」という雰囲気になる。こんなにわかりやすく士気が下がることってあるだろうか。反対に、来るだけで爆笑が巻き起こる愛されキャラもいる。非常に人間味が溢れる店だと思う。

本名がわからない常連客にはだいたいあだ名が付いているのだが、「みんなに嫌われてる夫婦」「大丈夫じゃない人」などのシンプルなものから、「都市伝説」「妖怪在庫荒らし」など一捻りしたものまでレパートリーに富んでいる。アメリカンコーヒーに延々とお冷やをついで麦茶の色よりも薄くして粘るおばさんのことは「無限アメリカン」と呼んでいた。本来であればせこすぎて許せないのだが、こうやってあだ名を付けることで溜飲を下げている側面もあると思う。もちろん残念なあだ名だけではなく、「イケメンすぎて坊主のお兄さん」「平和村の村長」という誉れ高いものもあるし、仲良しのご老人二人組のことは「ズッ友」と囁く。

普通に働いているだけなのに、なんだかヤバいお客さんに当たることもある。ある日、カウンターに座った中年男性が、色んなおじさんの写真の顔部分だけをトレースしていて、（そういう仕事なのかな）と思っていたら、顔から下は全裸の女、しかもM字開脚というとんでもない絵を何枚も描いていた。（ものすごい性癖だな）と慄きつつ皿を洗っていたら、カウンター越しにチラチラとこちらを見ている。手元をこっそり盗み見ると、次は黒髪でボブの女の顔を描いていた。間違いなくわたしだった。気づかないふりをして完成を待つと、わたしもきちんと全裸でM字開脚している。乳首を蛍光ピンクで着色されているときに「違います」と言いたいのを堪えた。悪い夢の続きを見ているようだった。

暇なときに先輩と猫の話をしていた。「毛が生えていない種類の猫がいる」という話題になり、スマホで検索してみたら「スフィンクス」という種類の猫だった。お金持ちの愛好家が飼っているらしい。「いくらするんでしょうね」「日本では見たことない」「いやー、でもなんかミイラみたいな見た目ですね……」と話していたら、カウンターに座っていた青年が突然身を乗り出し「千七百円!!!!」と声を張り上げた。あまりのことに驚いて言葉を失っていると、「上野のミイラ展でしょ？　入場料は、千七百円です」とどや顔で言われて、涙が出るほど笑った。彼はその後、赤面しながらもミイラ展の魅力を熱く語り、風のごとく去っていった。

一応サービス業ではあるが、失礼な人やマナーが悪い人には普通に注意する。タピオカの空き容器やテイクアウトのカップを持ったまま入店して、去り際にゴミを置いて帰ろうとする人が残念ながら散見されるが、わたしはお会計のときにそのゴミを渡す。だいたい苦笑いされるか、連れ同士で（怖いね）みたいな反応をされるのだが、どう考えたってマナー違反はそっちだろう。どうして持ち込んだゴミを当たり前に捨ててもらえると思ったのか問いたい。悪質な人はゴミを座席下の見えないところに隠して帰るのだが、店の外まで追いかけて「忘れ物です」と差し出す。「あ、いらないんで」と言われたが、そんなことは知っているので「うちもいらないですよ」とはっきり断った。我慢ばかりしていても仕方がない。ダメなことにはノーと言える胆力が必要だ。

　お客さんが店を選ぶように、店だってお客さんを選ぶ。不快なことや許せない行為があれば「もう来ないでください」と出禁にする。だいたいが自分の親より上の世代だが、虚(きょ)を衝(つ)かれたような顔をしているのを見ると、「これまでの人生で誰も指摘してくれなかったんだな」と思う。「あんた何様なんだ」「こっちは客だ」などと逆ギレしてくるタイプの人もいるが、その都度論破する。こちらには店としてのプライドがある。「いい空間」を作るためには必要なことだ。

「働いている人が嫌な気持ちになる人はお客様ではない」という理念が、この店を支えてきた。お金を払っているから何をしても許されると思っている人は絶対に来ないでほしい。店員にも感情があるのだ。理不尽なクレームや、値段に見合わない我が儘に耳を傾ける必要はない。「違う」と思うことに自分を曲げ続けていると、気づかないうちに尊厳を失うことになる。かつてのわたしがそうだった。納得できないことに頭を下げて、モヤモヤとした気持ちを抱えながら働いていたら、心が壊れてしまった。自分を殺しながら働くことが社会ならば、そんなところで息をしていたくない。でもいまはそうじゃない。きちんと自分の気持ちを大事にすることで強くなったし、人の痛みにも敏感になった。強さはやさしさを裏打ちするものでなければならない。そのことに気づけたいまは、自分の居場所を見つけたようで本当にうれしい。

毎日が出会いの連続で、もちろんいいお客さんだってたくさんいる。来ただけでこちらの心がパッと華やぐような人がいて、やさしい人に出会うと心もやわらぐ。その人の表情や言葉、声色、所作を、わたしはずっと覚えている。どんなに疲れていても、洗い物で指先がささくれようとも、頑張ろうと思える瞬間がいくつもある。店を大事にしてくれる人には同じくらいの気持ちで返したいし、いい時間を過ごしてほしいと願う。「救いの場」

でありたい。そのためにわたしたちは今日も、矜持を持って働く。

サービス業の「サービス」に甘んじすぎてはいないか。「店員」だけに求めすぎてはいないだろうか。その店が好きで通い続けたいと思うのならば、お客さんだって「いい客」であろうとすべきではないのか。あくまで人間同士なのだ。わたしは、赤の他人にどう接するかでその人の本質が見えると考えている。どんな立場の人にも敬意を払えてこそ、立派なお客「様」だと思う。

傍から見れば、うちは世間の常識から逸脱した喫茶店かもしれない。お客さんと喧嘩してもいいし、接客のマニュアルもない。勤務中に恋バナするし、他人の言動で我慢もせず爆笑するし、鼻歌交じりで調理している。その光景を見て眉を顰める人もいるし、「この店どうなってんの?」などと詰め寄ってくる人もいる。でもうちの店はみんな仲が良くて絆も強いし、何より働くのが苦ではない。「仕事に行きたくない」と思う日はこれまでなかった。むしろ、同僚に会える楽しみが勝った。わたしはこの店が好きで、好きだからこそ無礼なお客さんとも戦えるのだと思う。最高の内装、おいしいメニュー、良心的な値段。

これ以上のものを求めるのならば、どうぞ他所（よそ）へ行ってくれて構わない。さて、狂ってるのはどっちでしょう。ようこそいらっしゃいませ、魅惑の喫茶、不惑の喫茶。

妖怪在庫荒らし

なんでこんなに喫茶店が好きなのだろう、好きになったのだろうとたまに考える。通い出したのは大人になってからだが、働くまでに好きになったのは意外だった。わたしの住む東京都は条例でいまやほとんどの飲食店が禁煙となってしまったが、わたしは以前、喫茶店で煙草を吸うひとときをこの上なく愛していた。どんなに疲れていても、コーヒーと煙草で一服すれば何もかもリセットされるようで、喫茶店は手軽に非日常を味わえる場所だった。しかし、煙草が吸えなくとも喫茶店は好きで、かつ禁煙に成功したいまは、コーヒーを飲みながら読書をするひとときをご褒美にしている。まさに都会のオアシスだと思う。

いま働いている店は、お客さんとして通っていた時代から好きだった。当時は会社勤めで毎日へとへとになっていて、遊ぶ余裕もあまりなく、しかしまっすぐ家に帰りたくない日に自然と足が向いた。前職もサービス業だったが、大手企業ゆえに低頭平身の接客を強いられており、毎日神経をすり減らしていた。会社を辞めたときはもう接客なんてやりたくないと思っていたが、いまではこんなに面白い仕事もないなとにんまりしている。この店で働いていると、まるで強力な磁場にいるかのようにおかしな出来事ばかり起こるのだ。店としての個性も強いが、そこに通うお客さんの顔ぶれもとにかく濃いのである。ただの喫茶店のはずなのに、毎日が事件の連続だ。

モーニングの時間帯はほとんどが常連客。朝イチで入店して新聞を取りに突進してくるおじさんは「イノシシ」、差し入れがなぜかいつもバームクーヘンのおじさんは「バーム」、何年も常連で以前ラーメン屋を営んでいたおじいさんは「ラーメン屋」、マリオシリーズに登場する敵のキャラクターに似ているから「ドッスン」など、みんな言いたい放題のあだ名で呼ばれている。「あの人は『おじさん』というよりは『おっちゃん』じゃない？」というふわっとした意見であだ名が決定することもある。最近のわたしが一番面白いと思っているのは、特筆する点がなさすぎて「あの何の特徴もない人」というあだ名の常連客がいることだ。何もしてなくてもあだ名が付いてしまう恐ろしい店である。

かつて「妖怪在庫荒らし」というあだ名で呼ばれていた藤野さんという中年男性は、一時間の滞在で飲み物を四杯も飲む猛者（もさ）だった。お店としてはありがたいことなのかもしれないが、三分くらいかけて作った飲み物を提供したあと、一分も経たないうちに「ズッッッ」というストローの音が聞こえてきたときは二度見してしまった。空のグラスと、つやつやした藤野さんの顔が並んでいた。最初は（めっちゃ喉（のど）渇いてんだな）と思っていたが、ある日クリームソーダを三杯続けて飲んだときは本気で心配になった。クリームソーダとはそんなに水のように流し込むものではない。強靭な胃腸の持ち主かと疑ったが、帰り際に「お腹が痛い」とこぼしていたことがあるので普通に無理をしていたようだった。

藤野さんは店に通い始めた当初、ロイヤルミルクティーを特によく好んでいたのだが、それも三、四杯は注文するので、彼が来ると厨房に緊張感が走った。在庫が一気になくなるのである。藤野さんが来る＝在庫がなくなる＝発注に関わるという、たった一人でものすごい影響力を持つ人物であった。ピザを食べたあとにもう一枚おかわりしたり、ロイヤルミルクティーを飲みながら苺ジュースも堪能するわんぱくぶりも発揮する。目が離せない人物だ。しかし先日、調子にのってか「他の店で買ってきた弁当とか食べてもいいっすか？」と聞いてきた。いいわけないので、もう家で過ごせと思った。

基本的には面倒くさいのだがなんだか憎めない人というのがいて、酒好きの白井さんがその一人である。年齢は七十代だがめちゃくちゃ元気で、いつもこちらの心臓が止まりそうなほど大きな声で「おはよお!!!」と叫びながら入店してくる。他のお客さんがみなビクッ！　と肩をふるわせるほど派手な登場だ。常に酔っていて飲み屋帰りのテンションなのか、BGMのムード音楽をかき消すほどの声量で話しかけてくるので、「うるさい！」と叱り飛ばす日も多い。しかし悪気は全くないので、怒られると「ああ、ごめんね……」としおらしくなるのは結構可愛いなと思う。白井さんは四六時中酒を飲んでいるからか、顔色が赤を通り越して土色の日があって心配になる。「顔に肝臓の色が出てるよ」と教えてさしあげると、歯が抜けた口で「あふぇふぇ」と笑っていた。「歯がなくて噛めねえからゆで卵小さく切ってくれない？」とお願いしてきたときは「介護」の領域だなと思った。酔っ払いなので面倒なときもあるけれど、無償で買い出しを手伝ってくれたりするのでいい人認定されている。しかしある日、酒を飲みすぎた白井さんが一日に四回来店したときはフェスみたいですごかった。

かなり美形でうっとりするほどイケメンの男の子がいるのだが、いつも違う女の子を連れてくるので「(女)たらし」と呼ばれている。たらしはわたしたちに話しかけてくることはなく、いつも物憂げな表情でアイスコーヒーを飲んでいる。一人で来ることが多いが、たまに女の子があとから合流して親しげに話している。だが、肝心のその女の子がいつも違うので、店員みんなでさりげなくチェックしてしまう。いくら第三者とはいえ微妙な気持ちになった。

そう、男女関係は意外と店員にチェックされている。「あのお姉さんはいい人なのに彼氏微妙じゃない？」「○○さんがいつも一緒に来る女性は奥さんとは別の人らしい」などと店員同士でこっそり囁かれる。「最近あのカップル来ないなあ」と思っていたら違う相手を連れてきて、服装の雰囲気も変わったし頼む飲み物まで違うものになっていることがある。（違う人として生きていくのか……）と思うが、心なしかお客さんのほうも気まずそうに明後日の方向を見ているのでそっとしておく。その一方で、ずっと一人で来ていたお客さんがデートに挑んでいるのを見ると（頑張れ！）と応援したくもなる。こんな風に誰かの人生や恋模様を定点観測するのもまた一興。

モーニングの時間帯にたまに現れ、朝一で絶対にウォッカのロックを注文するおじさんがいる。常に目が据わっているし独り言も多いのでずっと怖いと思っていたのだが、特に話しかけられるわけでもないので「無害」認定されていた。ある日、一人で店番している夜におじさんが来店して、珍しくウィスキーを頼まれた。（どの時間帯でも酒なんだな……）と思いつつ、虚空（こくう）を見つめるおじさんに「水割りかストレートかロック、いかがなさいますか？」と聞いたら突然拳（こぶし）を振り上げてきた。突然キレるタイプの酔っ払いですか、いよいよ暴力ですか、と身構えた瞬間、「ストレートにする。これはアッパーです。あ、オヤジギャグね（笑）」と一人でウケていた。全然面白くないし普通に腹が立ったので、マスクの下で歯を剝き出しにして威嚇（いかく）した。後日判明したのだが、このおじさんは数年前、先輩に「殺す」と書いた手紙を渡してきたことがあるらしい。いくらなんでも物騒すぎるが、手紙で渡してきた意味……と思った。

ここまですべて店員側の目線で書いてきたが、わたし自身もお客さんとしてお店で失敗していたことがある。よく通っていたカフェでなんだか店員さんの視線を感じると思っていたら、自分が毎回入り口ではなくテラス席へ続く窓をこじ開けて入店していたことにある日気づいた。結構通っていたのに、最後まで誰も何も言ってくれなかったんだと恥ずかしくて死にそうな気持ちになった。まあ、気づかなかった自分が悪いのだが……。いま思えば絶対になんらかのあだ名を付けられていたと思う。カフェの店員さんたち、すみませんでした……。

三年ほど前だろうか。「あいさん」という常連のお姉さんがいて、いつもおしゃれでやさしくてみんなに好かれていたのだが、あいさんの彼氏がかなり天然で、これまた癒やされていた。恋人とはやはり似たもの同士でくっつくのか、あいさん同様礼儀正しく好印象の彼。ホットコーヒーを出したあとにお冷やを注ぎにゆくと、「熱くてうめえっす」と頭を下げられた。「熱くてうまい」という評価は初めて聞いたのでつい笑いが漏れてしまった。あるときは「すいません……味噌汁ってありますか？」と聞いてきたらしい。人によっては「は？　うちは喫茶店ですけど」と眉を顰めそうな質問だが、あいさんの彼に関しては「なくてごめん……」と思うので不思議だ。これが人徳というやつなのだろう。二人はやがてよその県に引っ越してしまったが、いつかまた二人で来てほしい。あいさんたちのことを時折ふっと思い出しては、元気かなあ、と思う。

常連といえば、「チワ爺（じい）」というあだ名のおじいさんがいた。チワワのような瞳、小柄な身体、いつもこじゃれた服装の彼は、寡黙（かもく）だが常にニコニコしてみんなに好かれていた。年齢は八十代といったところだろうか。いつもチワ爺が来ると「来たっ！」と合図して、カウンターの中からみんなで手を振った。微笑みながら遠慮がちに手を振り返す様子が、とてもキュートだった。チワ爺は妻と思わしき人ともたまに来ていて、二人で仲良く漫画雑誌を読んでいたのが印象的に残っている。しかし、あるときから、チワ爺が来なくなった。チワ爺は来ないが、妻のほうだけ来る日が続く。ある日、同僚がチワ爺のことを聞いてみると、亡くなったと告げられたそうだ。その報せを聞いたときは心にぽっかり穴が空いたような気持ちになった。もうあの可愛い笑顔が見られない、もう会えないと思うと寂しくてたまらない。ふとした折に、チワ爺がひょっこり現れるんじゃないかと思う。

毎日百人以上の人が訪れる。それぞれの人生にドラマがあり、出会いと別れがある。しがない喫茶店員のわたしも、常に誰かの人生に関わっていることを思うと、無性に感動したりする。この店では「店員もお客様も対等な関係であること」を大切にしているから、いつも素直な気持ちでいられる。うれしいときは笑うし、嫌な気分になったときには声を上げる。わたしはずっと、フェアであることに救われてきた。

ある日、長く一緒に仕事をしている先輩に「本当に明るくなった、あなたは変わったよ」と言われて、鼻の奥がつんとした。「誰とも関わりたくない、人がこわい」と塞(ふさ)いでいた過去があったことを思うと、生き直すことができて本当にうれしい。

出禁です

接客業に従事する人々の一番の悩みといえば、お客様の理不尽なクレームやいきすぎた我が儘ではなかろうか。接客業同士で繰り広げられる「こんなヤバ客に遭遇した」という話は、いつ何時も盛り上がる。その場では腹が立つし、全身の毛が逆立ちそうなほどおぞましかったりするのだが、最近では「ネタができたな」と思うので、慣れとは恐ろしい。「ねえ聞いてよ！」と同僚に愚痴り、「それはヤバい」と言い合うまでがセットだ。本書はお客様への「逆クレーム本」と言っても過言ではない。

以前勤めていた会社で商品についてのクレームがあった。女性用下着を取り扱っていたのだが、洗濯をしたら縮んだ、サイズが合わなくなったので取り替えてほしいとのことだった。本来であればタグをとって洗濯したものは返品も交換も受け付けることはできない、ということを丁寧な言葉で説明するが、相手は引き下がらない。引き下がらないどころか、だんだんヒステリックになり、終いには電話口で大声で怒鳴り始めた。結局上司がお客様の家まで赴いて謝罪し、返品と交換をしたにもかかわらず「こんな店があってはならない」「主人も怒っている」とゴネられ、挙げ句の果てには「消費者生活センターに通報してやる」などと脅(おど)された。必死に謝って対応してもダメなら、一体この人はどこで落としどころをつけるつもりでいるのだろう。どうすれば納得してくれるのか。最終的には割に合わない金額の商品券と本社の偉い人の謝罪でなんとか収束したものの、心はずっとモヤモヤしたままだった。

思い返せば、この「必要以上に謝罪を強いられること」は接客業においてよくあることだと思う。お客様のほうが何やらものすごい勢いでキレてこようものならば、店員は一生懸命謝罪して、場合によっては店長が出てきてさらにお詫び申し上げたりする。しかし、よく考えてみてほしい。そんなに怒れるほどその人たちはお金を払っているのか。甚(はなは)だ疑問である。そもそも接客業の店員はたいした給料をもらえていないというのに、それに見合わない過剰なサービスを要求して必要以上に怒るのはお門違いではなかろうか。店員をストレスの捌(は)け口のように扱っている人たちが、残念ながらいる。なめられてるんだな、と悲しく思う。

完全に余談だが、数年前台湾を旅行した際、服を買おうとレジに品物を出したら、タイミングが微妙だったのか店員さんに舌打ちされたことがある。終始無言でレジを打たれた。しかし不思議と腹は立たず（まあこんなもんだよな）と思った。接客があれだけ低頭平身なのも日本ぐらいではないだろうか。そのあと訪れたマッサージ店では、店員のおばさんがわたしの背中を踏みながら同僚と雑談&爆笑、おまけにゲップもしていて（なんか最高）と感動すら覚えた。文化が違うと言われたらそれまでかもしれないが、ガチガチの接客を徹底する意味ってなんだろうな、と思ったりする。もっと気楽に働くことを許す社会であってほしい。

こじゃれたバーなんかで常連客が「いつもの」と頼む場面はなんとなく想像できるけれど、いざ自分が店員のときに言われるとまあまあムカつくということの気持ち、飲食店勤務の方ならわかっていただけるだろうか。店員のほうから「いつものでいいですか？」と問われたならわかる。しかし、たいして来ない割に「いつもの」と言うのは失礼ではないか。こちらは一日に百人近い相手を接客している。人間なので、忘れてしまうこともある。お客さんによると言えばそうなのだが、「お前のいつもなんか知らん」と一蹴したくなってしまう。明らかに新人の店員に対しても「いつもの」で押し通そうとする謎の根気強さを、どうか他のエネルギーに換えていただけないだろうか。学生時代バイトしていた居酒屋で、二ヶ月に一回来るかどうかの常連客（常連と言うほど通っていないけれど）が頼むビールの銘柄を覚えていなくて怒らせてしまったことがあるが、いま思えばなかなか理不尽だったと思う。「俺と言えばハートランドだろう」と機嫌を損ねる中年を前にへこんでいた自分を慰めたい。

わたしが働いている喫茶店では「お客さんと喧嘩してもいい」というルールがあるのだが、これがなかなか爽快である。「もう来ないでください」「お代は結構ですので帰ってください」と言い続けて五年目。何度も喧嘩したし、何人も出禁にした。怒鳴られたこともあれば、チンピラの喧嘩みたいに顔と顔を十センチほど近づけられた日もあった。さすがに直接的な暴力を振るわれたことはないけれど、今後もその可能性がないとは言い切れない。しかし、少しの勇気でストレス要因を排除できるのであれば、はっきりと拒否したほうが絶対にいいと思う。何年も通っていた迷惑な常連を三年越しの出禁にしたとき、「もっと早く言えばよかった」とすら思った。だから、チェーン店で店員さんが迷惑なお客さんに手間取っている場面に出くわすと、悶々（もんもん）とした気持ちになる。突然の第三者として割り込み、我が儘モンスター客にお説教をしたくなる。ある日、「わたしとあなたはいつか刺されます。色んな人を出禁にしていますから」とマスターが冗談めかして言ってきたのだが、目がマジだった。

信じがたい話ではあるが、お冷やの水で歯間ブラシを濯（すす）いでいる老婆に遭遇したときは気絶するかと思った。そんなことは自宅の洗面台でやってほしいのに、どうしてわざわざ喫茶店のテーブルでやるのか。すぐ隣の席では他のお客さんが食事しているというのに、許しがたい蛮行である。こういった「わざわざ言うまでもないダメな行為」を注意しなくてはならないとき、（つらいな……）と感じる。「やめてください」と注意したら歯間ブラシを隠して「何が？」としらばっくれたので、本当に往生際が悪かった。結果的に出禁にしたのだが、注意するのにも体力と気力がいるので、絶対に逆ギレしないでほしい。

　ある年のハロウィン、イベント帰りと思しき男女が仮装したまま来店した。浮かれているのか、女は店内で写真を何枚も撮っている。自分たちだけ写すのならまだしも、他のお客さんまで写していて、挙げ句の果てには「店員のお姉さんたちも入って！」と勝手にわたしたちを背景に写真を撮り始めた。ホールをやっていた先輩が「わたしたちを写すのはちょっと」と断ると、さっきまで楽しそうだった態度が一変、女は激怒して店内で怒鳴り始めた。「生意気」「いま笑っただろ」と因縁をつけられ、執拗に絡んでくる。「ねえ厨房の人！」と呼ばれたので、客席に出て行って「迷惑です。帰ってください」と言うと、怒りに火を注（そそ）いだのか「何言ってんの⁉」とさらに騒ぎ始めた。しかし、どれだけ騒ごうができることなんてたかが知れている。「お代は結構ですので出ていってください」の一点張りで対抗すると、女は男を連れ大声で店の悪口を言いながら帰っていった。「二度と来ないでください」と付け足しておいた。一緒にいた男は去り際に「すみません」と小さな声で謝るのみで、まるで役に立たなかった。まともに取り合うと疲れてしまうので、「出ていってください」という一言は有効だろう。

「口が臭いしすべてがキモい」というどうしようもない理由で出禁にされた悲しき中年もいた。そのおじさんはとにかく口がニンニク臭くて、カウンターに座ると店員みんな吐きそうになっていたし、女性店員をジロジロ眺めてくるキモさも相まってかなり嫌われていた。お気に入りの女の子のシフトを聞き出していたときは戦慄(せんりつ)した。ここまで嫌われているとと四季を通して真っ赤なポロシャツしか着てこないことさえもなんだか不快だった。ある日ちょっと天然な先輩女子が「臭いがひどくてスタッフが迷惑してるので」と普通に宣告した。あまりにもストレートな物言いにさすがのわたしも面食らった。もし自分が喫茶店の店員、しかも異性にそんなことを言われたらショックで自害してしまうと思う。しかし、それが真実でありすべてなのだ。少し気まずいと思ったが、おじさんは「ああ、にんにくのこと？」とケロっと聞き返してきたらしく、情状酌量(しゃくりょう)の余地など一切なかった。自覚があるのだったらケアをしてから来てほしい。

先日、一見(いちげん)のおじいさんが、お会計が終わったあとに「スパゲティ、ただのお醤油味だったよ。こういうのあんまりよくないねえ」とわたしに言ってきた。確かに七割くらい残していたので口に合わなかったのは言われなくともわかる。わかるけれど、他のお客さんもいる店内で、去り際にわざわざ大きな声で言うようなことだろうか。黙って帰り、もう来なければよいのではないか。しかしわたしは年々「失礼」に対するカウンターが鋭利になっているので、おじいさんよりでかい声で「は？　じゃあもう来ないでください」と言っておいた。こういうとき、相手はまさか言い返されるとは思っていないので、あっけにとられた顔をする。意見は聞き入れる価値はあると思うが、ただの意地悪には黙っていられない。帰り際の捨て台詞だろうが、やり返されることもあるのだ。

似たようなことを思い出した。作った料理に関して意地悪な文句を言ってきたおばあさんに「じゃあもう来ないでください」と言ったら、その後何度も店に電話してきて「あんなことを言うなんて失礼だ。あの子（わたし）に謝罪をさせろ」と騒ぎになったのだ。マスターに事の顚末（てんまつ）を話し、まずいと言われたのでお代はもらわなかった、そう思うなら来なければいいと言った、と伝えると「あなたは間違ってないです」と言われてほっとした。普通の店ならクビだったかもしれない。しかもマスターはなんと、そのおばあさんに電話して「本人は謝らないと言ってます」とダイレクトに告げ、店の理念を話し、突っぱねるかたちでわたしを守ってくれた。いま思えば「何を言われようが絶対に謝らない頑固な店員」でちょっと笑える。しかしそのときは、自分が若くなかったらここまで言われなかったのに、という悔しさと、マスターが意思を尊重してくれたことのうれしさが複雑に混ざり合って泣いた。改めて、この店で働けてよかったと思う。

「お金を払っているのだからお客様のほうが偉いんだ」という考えを持っている人は一定数いる。しかし、こちらから言わせてもらえば、働いている人に失礼な態度をとる人や迷惑をかける人は、お客様でもなんでもない。お店だから、店員だからなんでも許してくれると思ったら大間違いだ。少なくとも、うちの店ではそんなルールは通用しない。不快なことには声を上げる。出ていってくださいと言う。自分たちだけでなく、他のお客様を守るためにも、その勇気は必要だ。

ちなみに、飲食店として、一番うれしいのは「完食」だと思っている。自分の作った料理が美味しいかどうかは、何年働いていても気になるものだ。綺麗に平らげた皿が戻ってくるとほっとするし、「ごちそうさま」「おいしかった」と言われると作り手冥利に尽きる。時間がかかってもいいから、美味しく丁寧に作りたいと思っている。その思いは年々強くなる一方だ。一度気になりすぎて厨房から客席に出ていって「おいしいですか?」と自ら聞いてしまったことがある。呼んでないのに来てしまうシェフ。自意識の化身である。驚きと笑いに包まれた「うまいです」を無事に回収して、再び目の前の皿と向き合う日々。

そんな風だから、この腕に残る火傷(やけど)や切り傷のことを、実はあんまり気にしていない。

同僚観察記

暇なとき、グーグルで働いている店のクチコミを眺めることがある。絶賛するコメントから「もう行きません」とブチ切れているコメントまで様々だが、「店員が個性的」と評されていることが多い。実際に働いている身としても確かにそうだなと思う。髪色や髪型、ネイルなどに規定がないので外見的な個性もあるのだが、店の方針として接客もその人のやり方でよいとされている。性格も実に様々だ。端的に言ってしまえば、人なつっこい子もいるし、そうでない子もいる。だからこそ、クチコミに「店員さんの愛想がなくて残念です」とか書いてあると（は？）と思う。お手頃な価格でコーヒーが飲めるだけで十分ではないか。帝国ホテルでもないのに何もかも求めすぎだろと憤慨する。ある日長々と文句を書いているコメントを見つけ、同僚にリンクを送信してみると「滞在してるときからこれ書きたくてワナワナしてたんじゃない？」という煽り（あお）コメントが返ってきた。さすがだった。うちの店に限らず、「接客が残念だ」という意見をよく目にするのだが、接客に期待するならば相応の高い店に行けばいいじゃない、と思う。敬語をきちんと使えて、意思疎通ができれば、それだけで満足だとわたしは思う。

採用の面接ではいつも二、三時間かけてうちの店で働けるかを見極めるのだが、マスターが重要視しているのは「やさしさ」や「思いやり」なので、その他のことは割とどうでもいいようだ。そこにこだわった結果、なんとも個性的なメンバーが集まったのだと思う。だからだろうか、仕事中に具体的な接客マナーについて指導されたことは、全くと言っていいほどない気がする。「みんな同じ接客じゃつまらない」という考えは、この世の接客業の通念を打ち破っていてすがすがしい。人間誰しもが違う性格で、色んな考えを持っている。そのままの自分でいられるこの店の居心地のよさは、何にも代えがたい。

同僚のみんなはいい意味で普通ではない。むしろちょっと変で、そこがかなり好きだなと思う。世代としては二十代が多く、学生さんも働いている。在籍数は十五名ほど。週に五日会社勤めをしているが、どうしてもうちで働きたくて、休みを削ってまで働いている人もいる。自由にやれる気楽さからか、バイト募集すると応募者が殺到する職場なのだ。やっていることも様々で、ミュージシャンから劇団員、写真家、漫画家、アクセサリー職人など、個性豊かなメンバーが揃っている。勤務中はつい話し込んでしまうが、職場でのおしゃべりはオーケー。「こんな客が来た」「あの映画観た？」などと毎日盛り上がる日々である。カウンターに座ったお客さんがわたしたちのおしゃべりを聞いて笑っていたこともある。今回は、そんな愉快な同僚たちを紹介したい。

咲子ちゃんは女子大生。天真爛漫（らんまん）な笑顔が魅力的な後輩である。ほんわかした雰囲気だが、言うことがいちいち面白い。彼女が飼い犬のポメラニアンと散歩しているところに鉢合わせたことがある。顔をぺろぺろ舐めてくるので撫でていたら「ミルクは口臭いです」と警告された。なかなか辛辣（しんらつ）だと思ったが、ポメラニアンは可愛かった。また別のある日、頭髪の薄いことを自虐するマスターに、笑顔で「でも似合ってます」となんのフォローにもなっていない返答をしたのも彼女だった。「貴様にはそのバーコード頭がよく似合う」と宣告したようなものである。マスターには気の毒だが、窓が割れるかと思うくらい笑った。これにはカウンター席にいたお客さんも噴き出していた。

「ねえ知ってる？」というまめしばくんのような口癖が特徴のしーちゃんは、わたしと同い年。働き始めたのはわたしの少しあとで、ほぼ同期と言っても差し支えない。鈴を転がすような声が可愛らしく、上機嫌のときは鼻歌まじりでフライパンを洗っている。家のテンションかと思う。わたしたちは最初こそ敬語でたどたどしくコミュニケーションをとっていたものの、いまでは休日に遊んだり、深夜までめちゃくちゃしょうもないことでラインのメッセージを飛ばし合う仲である。しーちゃんと一緒だと「仕事」という感じがあまりない。高校生のようなノリでずっと喋っているからだ。常連客の口癖を真似したり、どんな些細な出来事も報告し合ったりする。

しーちゃんはとても素直で、喜怒哀楽が激しい。「推し客」が来ると超笑顔で挨拶をして手を振るほどのサービスぶりだが、逆に嫌いなお客さんが来るとサンリオの「バッドばつ丸」みたいな目つきになる。ガンを飛ばしているときもある。でもその素直さこそが信用できていいなあと思う。ある日しーちゃんが厨房でココアを鍋にかけていたのだが、ちょっと目を離した隙に派手に噴きこぼれた。コンロ周りがココアまみれである。ちょうど忙しいときで、後片付けが面倒なのは言うまでもない。かといって、「あー、こぼれちゃったね」とかわざわざ声をかけるのもウザいと思うので、見ないふりに徹していたのだが、厨房から「こんなの嫌だー!!」というしーちゃんの絶叫が聞こえてきて笑った。客席まで丸聞こえだったが、それでいい。

昔からめちゃくちゃ嫌われているヤスヒコという中年男性の常連客がいる。とにかく女性店員を舐め回すように見つめてくるところが、嫌われる主な要因である。「顔全体がベロじゃん」と言ってしまったこともある。彼は鋼鉄のメンタルの持ち主で、明らかに全く歓迎されていないのにほぼ毎日店に通う猛者。当然わたしは「いらっしゃいませ」も「ありがとうございます」も言わないのだが、休日にヤスヒコと町なかでうっかり遭遇した際に「おっ！　こんちは！」と挨拶されてしまった。普通に無視した。ヤスヒコは軽食でも飲み物でも、とにかく毎回残す。「別にお金を払っているからいいだろう」の一言で済まされるかもしれないけれど、注文しておいて毎回一定の量を残されるのは、店側からすれば決して気分のいいものではない。初めて来た人が量の加減がわからず残すならまだしも、毎日のように来て頼んだものを残すのは理解できない。だったら、最初から「少なめ」「○○抜き」とオーダーしてほしい。

「ヤスヒコ残しすぎ問題」でみんなのイライラがピークになっていたある日、彼がココアを半分以上残した。これが決定打となり、ホールをやっていたしーちゃんがお会計のときに「体調でも悪いんですか？」と聞いてみたらしい。わたしだったら話しかけたくもないので、すごい勇気と好奇心だと思った。「うち、気になってヤスヒコに聞いてみたのね？」迫真の表情で語るしーちゃんだったが、次第に声にならない声で笑い出した。お腹をかかえてカウンターに手をつき、息も絶え絶えになっている。「そしたら、そしたらー!!　ニターッて、笑って、歯が、いっぱい出てきた」ヤスヒコのニヤけ顔がありありと浮かんできた。歯の本数なんてみんなだいたい同じだろうと思ったけれど、どうやら彼に至ってはたくさん生えているらしかった。妙にリアルで嫌な想像をかきたてられた。ココアを残した理由は「甘かった」とのことだが、（結構何日か連続で頼んでたじゃん……）と腑に落ちなかったのを覚えている。折に触れてこの「歯がいっぱい出てきた」という表現を思い出すのだが、笑えるので元気が出る。

しーちゃんのみならず、同僚の珍事は多々ある。窓拭きしていたら力を込めすぎてしまい、窓が開いてそのまま公道に飛び出していった人、決まった席にしか座りたがらない常連客に「なんでですか？」と聞く強者、年甲斐も無くナンパしてくるじいさんに「あくまで客と店員ですよ」と辛辣になる後輩。かなりの頻度でドライマンゴーを差し入れてくる常連さんに困り「マンハラ」とこぼしていた者もいる。客足が途絶えない日に同僚が「今日忙しすぎる、みんなと喋りに来てるようなもんなのに……」としょんぼりしながら言っていたときは笑ったけど、（確かにね）と思った。少ない人数で回しているので、おしゃべりすらできない日があるとつらい。「昨日夜中の三時までユーチューブ見てたんだよね」とか「夜マック食べた？」とか、どんなに些細なことでも、話していればストレス解消になる。嫌なこともあるけれど、それがどうでもよくなるくらい笑えることのほうが多い。本当にみんないい人だと思うし、たくさん救われてきた。

昨年の三月頭、大忙しの土曜日にふと顔を上げると、目の前に実の兄が座っていた。兄は西日本のほうに住んでいて激務なので、お盆や正月はおろか、冠婚葬祭くらいでしか顔を合わせることができない。仕事で東京に来ていたのは知っていたが、店に来るとは聞いていなかった。用事があって近くまで来たから寄ってみたそうだ。実の兄弟がお客さんとして現れたのには少し照れたが、兄はわたしが作ったクリームソーダを写真におさめていて、その光景がなんだか誇らしかった。考えてみれば、職場に家族が来たことなど一度もない。働いているところを見られるのは変な感じだが、わざわざ来てくれたことをうれしく思った。ちょうど勤務が終わったので、兄の用事の時間まで近くで一杯だけ飲むことになった。ビール片手にお互いの近況報告。子どもの頃は喧嘩ばかりしていたのが懐かしい。「えらい繁盛やね。いまの店は長いん?」と聞かれ「もうすぐ四年目になる」と答えると少し沈黙があった。もっとちゃんとして親を安心させろとか、正社員として働かないのかとか、真面目なお説教が飛んでくるかもと身構える。しかし、ぽつりと「お前楽しそうやったな、ええ店やんか」と言われたときに、そういえば兄にはたくさん心配かけたな、と思って目の奥が熱くなった。

やさしい人

最近、新人さんが入ってきた。緊張しているのか、初期のバイオハザードのゾンビみたいにカクカク歩いている。常連の耳の遠いおじいさんにすべての質問をシカトされて困っている。混んだときに焦りすぎたのか架空のオーダーを伝票に書いている。飲食店で働くのが初めてだそうで、慣れないことを覚えるのは大変だよね、と励ましながら共に働いている日々。

働き始めて五年目のいまではもうほとんどの同僚が後輩なのだが、教えることは難しいと常々思う。わたしはかつて教員を目指していたのだが、その道を途中で諦めてしまったのは、自分にその素質がないとわかったからでもあった。喫茶店の仕事は優雅なイメージを抱かれがちだが、全然そんなことはない。汗水たらしまくっている。洗い物をやっているときの水圧がやばすぎて床がビショビショになっている。マスターに関しては一生懸命洗いすぎて股間のあたりがビショビショになっている。とにかく忙しいなかでこなさないといけないタスクが多いので、慣れないうちは右往左往してしまうのも仕方ない。身体に染みついている仕事を、言葉を使って一から教える。重大任務だ。丁寧に教えようとすると説明が冗長になってしまうし、勤続歴こそ長いがお手本になれるほどの自信は持ち合わせていない。それでも一生懸命仕事を覚えようとする新人さんは健気でいじらしい。

わたしが新人の頃、店がメディアに取り上げられ話題となり、とても忙しい日々が続いた。それはコロナ禍（か）であるいまでも変わらずありがたいことなのだが、当初はやっていけるか不安で仕方なかった。わたしは要領が悪く、一回ミスをするとそのショックを引きずり、さらにミスを重ねるとんでもないおバカさんであった。グラスを割るたびに心も粉砕、注文を間違えてしまった日には絶望で虚（うつ）ろな目になる。しかし、面接のときに「やさしい人しかうちでは働けない」とマスターが何度も言っていた通り、みんな本当にやさしかった。失敗を責められたりすることはない。「大丈夫だよ」と言われるたびに、いつかこの安らぎを与える側になりたいと思った。

他人を思いやるということは難しい。何をもって「やさしい」とするか、一言では説明できない。やさしさのかたちは人それぞれで、思い描く像も違うだろう。だからこそ、善意が届かなかったり、悪意はないのに勘違いされて溝が生まれてしまうことがある。これまでの人生で、そういうディスコミュニケーションで心がたわむたびに、人と関わることを諦めてしまいそうになっていた。それが近年変わりつつある。「これお願いしてもいいかな？」と人に頼んだり、「こういうことがあってすごく嫌だった」と言えるようになってきた。仕事中に「来週焼き肉食べに行こう」とか「今夜飲みに行きませんか？」という誘いまでできるようになった。ずっと受け身だった人生からは想像もつかない現在だ。

指を切ったときにすぐに絆創膏（ばんそうこう）と消毒液を差し出してくれること、グラスを割っても「怪我はない？」と心配してくれること、真夏に厨房で汗をかいていたら氷水が用意されていること。些細なことかもしれないが、人から大事に扱われるのはうれしい。やさしさは色んなかたちをしている。疲れているときに差し出されるチョコレート、貧血気味のときの鉄分入りジュース、元気がないときの「どうしたの？」という一言。どんなときも、その心遣いにうれしくなる。「髪の毛切ったね」「今日の爪の色可愛い」という些細な変化への一言で、自分を見てくれている、という安心感に満たされる。「マリちゃんの作ったクリームソーダ、アイスがまんまるできれい」と言われたときは、照れ隠しで「ありがとう。きんたまをイメージして作っています」と返答した。

喫茶店で働く傍らで、こうやって執筆の仕事をしている。言葉を扱う仕事だから、言葉が怖い。何を伝えるにしても、言い方ひとつで傷つけたり、誤解を生んだりすることがある。でも、言葉ひとつで誰かに寄り添うことだってできる。「ありがとう」「大変だったね」という一言で心が和むたび、その可能性を強く感じるのだ。とにかく話をすること、相手を知ること。マスターがいつも「仕事中のおしゃべりは自由」と言っている理由は、こういうことなのかもしれないと最近気づき始めた。

ある日、わたしの友人が差し入れを持ってお店に来てくれた。袋のなかには有名店のパンが三つも入っていた。体力仕事はお腹が減るのでありがたい。早速同僚と分けて食べようと温めた。彼女は「マリちゃんがもらったんだよ」と何度も遠慮したが、最終的には二人で分け合って「おいしい、おいしい」と頬張った。やがて同僚と共に退勤時刻を迎え「お疲れ様、じゃあまた明日ね〜」と、わたしはお手洗いに入った。お手洗いから出てきたら、もう帰ったと思っていた同僚が「パンいただきました。ごちそうさまでした」と、まだ店内に残っていた友人に頭を下げていた。そのまま彼女はすーっと帰っていったが、（ああ、わたしはこの子のそういうところがすごく好きなんだよなあ）と思った。誰かが自分の大切な人を大切に扱ってくれる瞬間、得も言われぬ幸福に包まれる。それはまるで自分を肯定されたかのように温かなことで、気持ちがほぐれる。

　いままでわたしは、人の嫌なところばかりに目を向けていた。仕事だから割り切らないと、と思いつつも、自分を棚に上げて「こんな風にはなりたくない」なんて荒(すさ)んだ気持ちで過ごしていた。接客業ゆえ、もちろんいまでもそういう瞬間はあるし、憤慨したり落ち込んだりもする。それでもいまは、「こんな風になれたら」と思う瞬間のほうが圧倒的に多い。されてうれしかったこと、救われた言葉をひとつひとつ噛みしめて、誰かの心の拠り所になりたいとさえ願うようになった。わたしは心が弱かった。弱かったから、卑下(ひげ)したり他人を貶したりすることで自分を保っていたのだろう。いまでもおそらく、普通の人よりは脆弱な精神だと思う。それでも、人の長所に眼差すことができるいまは、少しは成長できたのではないか。

しかし感情とは厄介なもので、たとえば同僚がむくれていたりヘソを曲げていたりしても、それすら可愛いなと思う自分がいる。昔は遠慮して何も言わなかったが、いまでは「ねえ、もしかしてちょっとキレてる？」という絶妙にウザい絡みをする。そうすると向こうも、フッと笑い「……うん」と認めるので、アハハと笑い合う。長い付き合いになればいいなと思う。「おばあさんになっても遊ぼうね」なんて甘ったるい約束を交わした。

かねてより「たべっ子どうぶつ」というお菓子が好きだと公言していた。ギンビスという老舗メーカーの動物のかたちをしたビスケットで、グッズも販売されている。ある日先輩が「これ好きだったよね」と「たべっ子水族館」のガチャポンをやってきてくれた。中を開けると、シロクマがのんきそうに笑って片手を上げている、小さなフィギュアが入っていた。彼女がこのガチャポンを見つけて、お金を払って（そのときちょうど小銭があったのかもわからない、わざわざお札を崩してやってくれたのかもしれない）、わたしのためにレバーを回したその風景がすぐに思い浮かぶ。喜んでいたら、周りの人もやってくれた。おかげさまでもうすぐコンプリートできそうだ。部屋の一番よく見えるところに置いた「たべっ子水族館」のシロクマやクジラがにんまりと笑っている。今日も頑張れそうだ。

いかれたマスター

「変な人」というのは巷(ちまた)に溢れかえっているが、わたしの知っているなかで一番の変人は当店のマスターである。「クセが強い」とか「個性的」とかいうレベルではない。「変人」というより、「狂人」といったところだろうか。この店で働き始めてからというもの、「世の中にはこんなにヤバい人がいて、店を経営しているんだ」という驚きと感動に包まれる日々である。飲みの席でつい本人に直接言ってしまったこともある。「ヤバくないです」と真顔で否定された。でも、同僚やお客さん、友人など、誰と話しても、誰に聞いても、「あのマスターはヤバいよね」と満場一致する。わたしもあと何年生きるかわからないが、死ぬ間際には必ずマスターの姿が走馬灯のように頭をよぎると思う。そのくらい大きな存在で、人生観に影響をもたらした人物である。

マスターはとにかくすごい。全部がすごい。見た目は……見た目は、まあ普通の元気なおじいさん。現在七十代だが、かなり若々しいほうだと思う。性格は基本的にはおおらかで、誰とでも仲良くできるタイプ。その一方で、かなり几帳面で砂糖入れやテーブルの位置はミリ単位で調整する。貼り紙に書く文字は定規を使って書くほどの徹底ぶり。手書きの文字はクセがあり、猟奇的な事件の犯人による脅迫文を彷彿(ほうふつ)とさせる。そして何をするにも秒単位で行動、アスリートのようである。「さっきのお客さんは財布を出していなかったので十秒取られました」とか、「休憩が三十二分遅れましたね」とか、いつもボソボソ言っている。さらに、店の誰よりも乙女心が強く、可愛いものが大好き。ロマンチストゆえ、毎年従業員の誕生日には大きな花束を贈ってくれる。ここまではいい。しかし、マスターはいかれたエピソードのほうが圧倒的に多い。

プライベートの話を聞くと、自営業ゆえ健康には人一倍気を遣っているとのことで「毎晩風呂で二百回ジャンプしている」と得意げに語っていた。全然意味がわからなくてびっくりした。湯を張った浴槽のなかでジャンプすることによって、水圧も手伝って足腰が鍛えられるという理屈らしい。そんなことをしたら風呂の湯が全部なくなるだろうと思った。マスターが風呂ジャンプをやりすぎて膝を痛めていたときは、気の毒だが失笑してしまった。健康どころか負傷。本末転倒である。「筋力をつけるために夜道をチャリでめっちゃ速く漕ぐ」とも言っていたことがある。チャリをめっちゃ速く漕ぐのはウーバーイーツの人か小学生の男子くらいだと思っていただけに、唖然とした。誰がやっても危険だし、リスクが高すぎるのでやめたほうがいいと制しておいた。

毎日運動を欠かさないだけあって、マスターのフィジカルの強さは半端ではない。ある日、マスターが植木の水やりに熱中するあまり、公道にはみ出してタクシーに轢かれそうになったときは、店の中から見ていて肝が冷えた。「いま轢かれそうになってましたよ」と注意すると「わたしが止めました」ときっぱり言うので慄然とした。自動車を体当たりで食い止める気概を持つ人が、まさかこの現代にいるとは。運動だけではなく、食事にも気を遣っている。栄養第一で、三十種類くらいの食材とサプリを混ぜた特製のジュースを毎朝妻と一緒に飲んでいるらしい。どんな味がするのだろう。このジュースの効能を話しているときのマスターのどや顔は、『クッキングパパ』のように顎がしゃくれていて、なかなかいいと思う。

ちなみに、マスターの妻である由美子さんも個性的である。二十代のわたしたちと仕事をしているからか感性が若く、同じテンションで会話をしていることもしばしば。ある日、派手な見た目の若い男性客二人組が来たとき、由美子さんがため息をつきながら「あたし、チャラいのキラーイ」と言っていて爆笑した。その口ぶりはギャルじゃんと思う。この通り、由美子さんはとても素直なので、嫌なお客さんに当たると「感じ悪いねえ！」と大きな声で言ったりする。性格はカラッとしているので、嫌なことがあっても引きずらないのがいいところだと思う。マスターとはお店では喧嘩ばかりだが、家では由美子さんが圧倒的に強いらしい。マスター曰く「尻に敷かれるくらいがちょうどいいんです」とのこと。きっとうまくいっているのだろう。

人物像としては概ねこんな感じなのだが、マスターのいかれっぷりは店でこそ発揮される。マスターは裏方仕事がとにかく忙しく、基本的には接客したり調理をすることはないのだが、人手が足りないとたまに手伝ってくれる。助かるが、一生懸命すぎて狂気じみていることが多々ある。

たとえば――これは喫茶店あるあるなのだが、軽食の注文をとるときに、飲み物を食前に持ってくるか食後にするか、という問いかけに対し、「同時で」と言われることがある。食前か食後、と問うているのに、同時と言われると少し困ってしまう。大手チェーン店ならば従業員も多く、同時での提供が可能かもしれないが、少ない人数で回す個人店には実は難しいことなのだ。もちろん、「そのほうが手間が省ける」と思って親切心で言ってくれる人もいるし、ただ単に「SNS映え」のために同じタイミングで持ってきてほしいというワガママちゃんもいる。混雑しているときに同時というのはなかなか難しい。そういった理由でなるべく食前か食後でお願いしているのだが、この問題に直面したときのマスターがヤバかった。ちょうど店が混んでいて、マスターもあたふたしながら注文をとっているとき。「あ、飲み物同時に持ってきてくださーい」と軽い気持ちで言ったお客さんを前にして、「同時⁉ 腕は二本しかないというのに、どうやって飲み物と食べ物を同時に作って出したらいいんですか⁉」とパニックに陥っていた。当たり前だが、お客さんもパニックになっている。しかし、これは決して嫌味ではない。本人はいたって真面目に、純粋な気持ちで聞いているのだ。「同時に出す」というのは、秒単位で生きているマスターにとっては考えられない業（わざ）なのだ。百歩譲って同時に出す努力をしたとしても、そこまでの緻密さは誰も求めてないだろう。お客さんには悪いが普通に爆笑してしまった。

このように、マスターは「自分ルール」を遵守して生きている。一度決めたらそれを貫き通す姿勢はかっこいいのだけれど、たまにそれがとんでもない方向に傾くことがある。基本的にはワイシャツにスラックスで店に来るのだが、マスター曰く「白いワイシャツのとき以外は接客できない」らしい。カラーシャツでは「店の者」としての雰囲気が出ないという理由らしいが、別に個人店だしマスターなんだから堂々としていればいいのにと思う。

ある日、店がとても混雑して、誰も手が離せずにレジに行けない瞬間があった。マスターがちょうどホールを彷徨（さまよ）っていたのでお願いしたいところだったが、あいにくその日はグレーのワイシャツを着ている。接客できない日だ。レジで待つお客さんに「少々お待ちください！」と叫びつつ手を洗っていたら、突然マスターが厨房のなかに突進してきて、特に何もせずに出ていって、平然とレジを打ち始めた。「自分ルール」はもう捨てたのだろうか。あとで「さっきなんで入ってきたんですか？」と聞いてみると、「お客さんからすれば、わたしが店の者だとわからないと思ったので、いったん厨房のなかに入るところを見せつけて〝店の者アピール〟をしました」と言うではないか。また顎がしゃくれてクッキングパパの顔になっていた。「誰も見てねえよ」と言いたいのを堪えて「なるほど」と頷(うなず)いておいた。ちなみに、厨房はレジの死角にある。

「失礼なお客さんとは喧嘩してもいい」というのが当店のモットーなので、わたしも同僚も言い返したり追い出したりと、数え切れないほど戦ってきた。マスターも昔は変な客を追い出しまくっていたと語るが、いまは丸くなったのかその必要がないのか、氏が戦っているところは見たことがなかった。しかし、二年ほど前にマスターの「実戦」を初めて見ることができた。あの感動は忘れ得ない。

混雑する日曜日。ひっきりなしに訪れるお客さんを捌(さば)いている最中、広い席に一人で座り、コーヒー一杯で長居するおじいさんがいた。「カウンターが空いているのでそちらに移ってもらえませんか」とお願いするが、「もう帰るから」と言いながらも店の漫画を読み続けて、一向に帰る気配が無い。空気の読めなさと底意地が悪い嫌な感じに手をこまねいていたら、マスターが闘牛のごとくやってきて、言い放った。

「なんで！　どうして！　席を！　うつってくださいと！　言っているのに！　うつってくれないんですか⁉　外で入りたいお客さん待ってるんですよ？　なんでどかないんですか？　なんで帰らないんですか？　なんで漫画、読んでるんですか？」

激詰めである。マスターもおじいさんといえど、大人の男だ。ここまで言われたら普通のお客さんは黙って帰る。このお客さんも渋々お会計をしたので、そのまま帰ると思いきや、踵を返し、マスターににじり寄って行った。「おい、客に対してこんな商売していいと思ってんのか！」と怒鳴るおじいさん。にぎやかだった店内が騒然とする。しかし、わたしは不謹慎の化身なので、正直ワクワクしていた。店のど真ん中でおじいさん同士の喧嘩が見られるのだ。とんだ僥倖、絶景である。一体どんな台詞でこの客を言い負かしてくれるのか。期待に目を輝かせていると、マスターは仁王立ちで「なんで漫画、読んでたんですか⁉」と叫んだ。「だから、こっちは金払ってんだよ！」と真っ赤な顔で言い返すおじいさんに、また「なんで漫画、読んでたんですか⁉」と狂ったオウムのように繰り返していた。まるで論争になっていない。モラルやマナーの話をするのかと思っていたのに、なぜか漫画を読んでいた理由に執着している。狭い店内でマスターがちょっと地団駄を踏んでいるのもまた滑稽(こっけい)だった。まるで話にならないとわかったのか、おじいさんは悪態をつきながら帰って行った。マスターの圧勝である。あんなに騒いだわりには、五分後には普通にカウンターに着席して読書し始めたのでまた笑えた。

もちろん、マスターの頑固な性格に反発したくなることもあるし、意見がぶつかることもある。それでも尊敬できるところがあるから、この人の下で働いてきた。こんな店を作ったというだけで、かなわないなと思う。「変人」で「狂人」と言われると、マイナスなイメージを抱く人のほうが多いかもしれない。マスターにも、欠点がないわけではないが、それでも自分を貫き通すこと、自分の世界を作り守り抜くことは、この国ではそんなに簡単なことではない。だからこそ、うちのマスターはマジでいかれていて、その生き様を羨(うらや)ましく思う。

お仕置きです

大学時代、居酒屋のバイトをしていたときに、酔ったサラリーマンの集団に「お姉さんは俺たちの中で誰と付き合いたい？」と聞かれて（お前ら以外だよ）と思ったことがある。女性用下着の会社で働いていたときは変態男性からの迷惑電話が多かった。電話で生理用下着の質問をされたあとに「ところであなたはどんなのを穿いてるんですか？」と鼻息荒く聞かれたので「あたしねえ、生理あがっちゃったのよ」と咄嗟の嘘をついたらガチャ切りされた。閉経している可能性すら想像できないなんて、変態の風上にも置けないフェイク野郎である。客だから何を言っても許される、とでも思うのだろうか。直接身体を触られるような犯罪とまではいかないが、性的に消費されて不快な気持ちにさせられることが何度もあった。

余談だが、喫茶店の店員にタメ口の客も論外である。これは圧倒的に中年の男性に多い。所感では若い人のほうが「お願いします」「ありがとうございます」ときちんとした言葉遣いで接してくれるのだが、おっさんのタメ口率はまじでなんなのと思う。早急に「命の母」が飲みたくなる。逆に言えば、敬語を使ってくれるだけでまともに見えるのだ。あまりにも腹が立って脳の血管がキレそうになるので「新聞とって」「コーヒー！」と言われても全部無視している。わたしたちはあなたの召使いではないし、あくまでも他人なのです……。

こういう目に遭うたびに、「もし自分が女じゃなかったら」と思ってしまう。若い女の店員というだけでなめた態度を取られてしまうことは、これまで何度も体験してきたし、思い出すたびに怒りがこみ上げてくる。それは痛みにも似ている。じろじろ見られたり、忙しいのに話しかけてこられるのも嫌だ。「消耗」させられている、と感じる。しかし、わたしは自分の尊厳を守ることを諦めたくない。「男を立てろ」だの「何を言われてもニコニコ笑え」だの、（いまは令和ですけど？）と思う。若い女性はみんな穏やかで言うことを聞いてくれると思ったら大間違いだ。身近なところから声を上げていくこと。ノーと言える勇気を持てば、少しずつ世の中はよくなっていくかもしれない。他人を変えるのは難しいから、わたしは自分が変わることを選んだ。

明らかに歓迎されていないのに毎日店に来て、コーヒーを飲みながら女性店員をじーっと見てくる中年の男がいた。自称カメラマンでいつもウィンナーコーヒーを頼むので、店員の間ではシンプルに「ウィンナーのカメラマン」と呼ばれていた。こいつがまた厄介で、お会計のときに「今度飲みに連れてってあげる」とか、「ハンバーグ好き？　美味しいお店知ってるからご馳走してあげるよ」などとお気に入りの女性店員を誘ってくるので、みんな気持ち悪がっていた。ただじろじろ見てくるだけでも不快なのに（日に二回も三回も来たりする）、何が悲しくてプライベートで客のおじさんと食事に行かなければいけないのか。いつも帽子で隠している鳥の巣みたいな頭も憎くなってくる。常に「ご馳走してあげる」などと上から目線の言い方なのも謎だった。ウィンナーのカメラマンが来店するたびに（キッッッッショ）と思ったし、なんなら声にも出ちゃっていた。わたしは最初から冷たくあしらっていたので、声をかけられることも誘われることもなかったのだが、誘われ続けている同僚からそういう話を聞くたびに、ムカムカして仕方なかった。うちはあくまで喫茶店、接待する義理などない。飲食店に不潔な気持ちで来ないでほしい。

来店の頻度も多く、あまりにも腹が立ったので、ある日ウィンナーのカメラマンが退店する際に一緒に店の外へ出て、思っていることを全部言った。店内で言わなかったのは、わたしなりの武士の情けである。

「あなたが店の女の子を誘っているの、よく知っています。当たり前ですが全員嫌がっています。あなたに誘われてうれしいわけないですよね。うちはガールズバーではないので、もう来ないでもらえますか？　はっきり言って迷惑です」

奴は最初こそすっとぼけた顔をしていたが、次第にばつが悪そうに「ああ、そう」と苦笑いして去って行き、二度と店に来なくなった。哀れな中年は店内で見るより格段に老けていて、（色ボケジジイがよ）と改めて腹が立った。立派な迷惑客である。たった数百円のコーヒー代で女の子を誘うなんて、セコいし根性が卑（いや）しい。

別に、ここまで言う必要もなかったかもしれない。誘いに応じなければいい、躱してお

けばいいだけの話かもしれない。でもわたしは、自分と同年代の女性が、大事な同僚が軽んじられていることが、とてつもなく耐えがたかった。女の子が嫌がっている時点で迷惑行為であり、立派なセクハラだ。言うまでもないが、セクハラはどんな関係やかたちであっても許されるべきではない。「そのくらい大目にみればいいのに」「減るもんじゃない」なんて言える人は、どうか自分の浅慮を自覚して悔い改めてほしい。セクハラに限らず、ただ働いているだけなのに不快な気持ちにさせられるなんて、あってはならないことだ。心が死んでしまわないためにも、わたしは黙らない。しかし、これよりもっとずっと、胸のすく出来事があった。同僚であるしーちゃんから聞いた、彼女の武勇伝だ。「同僚観察記」とあわせて読むと、彼女の人となりがよくわかるだろう。

ある日、しーちゃんがワンオペで店を捌いていた。お盆だったせいもあり、予想外に店は混雑していた。一人で接客、調理、洗い物、テーブルの片付けや消毒、お会計をするということは、いくら小さい店でも大変なことである。小さい店だからこそ、第三者から見

ても一人で店を回していることなど明白で、ほとんどのお客さんが気長に待ってくれていたのだが、一人だけ例外がいた。中年でガタイのいい、ちょっと半グレ風の男性客。一ヶ月に一回来るかどうかだが、長い間うちの店に通っているし、そのいかつい風貌も手伝って皆認知していた。激混みの店内ではテーブルを片付けることもままならない。それでも「いま片付けますので、おかけになってお待ちください」と言うしーちゃんに、半グレはなんと突然大声で怒鳴り始めたのだ。

「なんでこんなに混んでるんだよ」「早く片付けろバカ」と悪態をつき、終いには「マスターを出せ」とまでふっかけてきた。こちらはあくまでも「少し待ってほしい」と言っただけなのに、突然怒鳴り、他人をバカ呼ばわりするなんてどうかしている。ただでさえ一人でいっぱいいっぱいになって仕事をしているのに、理不尽に怒鳴りつけて萎縮させようとする最低な人物だ。半グレは身長は百八十センチ、体重も八十キロはゆうに超えている。到底力ではかなわないし、ただでさえ男性に怒鳴られるのは怖いことだ。あまりにも怒鳴り続けるので、耐えかねたしーちゃんが「警察呼びます」と言うと、「警察」の一言で半グレは退店していった。

嵐は去ったと思いきや、うちは普通の喫茶店ではない。それで終わるタマではない。しーちゃんは店を飛び出し、逃げるように去って行った半グレを百メートルほど走って追いかけ、「こっちは一人で頑張ってんだよ!!!」と絶叫してやったというのだ。状況を想像するとじわじわ面白い。うちらはワンオペだろうが店を飛び出すし、お客さんを置いてきてでもやり返す。普通じゃないのでなめないでほしい。中年の大柄な男が、華奢(きゃしゃ)で若い女性店員に追い回されている姿を想像しただけで、この上なく爽快な気分になった。しーちゃんありがとう。バカはどっちだ、半グレフェイク野郎。わたしたちは心に虎を飼っている。

推しの客

疫病による未曾有の事態に、忘れ得ぬ二〇二〇年となった。二年前には予想だにしなかったが、一従業員ながら「喫茶店」という場所を守り、それと同時にお客さんにも店が守られていることを実感できた年でもあった。今回は、当店を愛してくれるお客さんたちを紹介しよう。

わたしの接客はめちゃくちゃ塩対応である。無駄な愛想は振りまかないようにしているし、嫌いなお客さんには「いらっしゃいませ」すら言わない。でもそれでいいと思っているし、自分が客のときに店員さんがそうであっても全く気にならない。よく海外の接客のようだと言われる。しかし、そんなわたしにも「推し客」がいる。来るとうれしい気持ちになる神のような存在がいるのだ。

早速だが、「神セブン」というあだ名の中年男性を密かに推している。毎週木曜日に決まって訪れる、とにかく平身低頭の彼。丁寧な言葉遣いや所作はもちろんのこと、お冷やを注いだだけで「合掌（がっしょう）」をして感謝してくれる。ある日の深夜、店の近くのセブン‐イレブンに立ち寄るとなんと彼が働いており、すべてのお客さんに神対応をしていた。それが「神セブン」というあだ名の由来である。神セブンは店にいるときの控えめな印象とは裏腹に、「っしゃあせえ〜⁉」という元ヤンの鳴き声のような「いらっしゃいませ」を連発していたのが衝撃的だった。彼は夜勤明けにうちの店に来て至福のひとときを過ごしているようだが、いつも一心不乱にものすごく汚い字の日記を書いているので、いつか読みたい。神なので畏（おそ）れ多いが。

たまに来る、いや、普段は月に一回来るかどうかの無愛想なお姉さんが、コロナ禍のときには毎日来てくれて（ツンデレかな？）と思った。普段は笑顔も見せず、会話も交わしたことはないのだが、お店のピンチを憂慮してか、店の売り上げが厳しい頃には毎日通ってくれて感動した。お姉さんはクール系の美人で、（いつ見てもイカすぜ）と思うほどなのだが、常にがに股で座っているというギャップがある。いつもは一人で来るのだが、以前彼氏と来た際も終始がに股だったと聞いて、信頼できる人物だと思った。ちなみに、いまはもうあんまり来てくれないので、店の状況はよくともお姉さんロスである。

ジャッキー・チェンに激似のジャッキーさんは、その天真爛漫な笑顔で我々を魅了してくれる。みんなジャッキーさんのことが好きなので、サラダをこんもり盛ったり、レモンティーのレモンは心なしか大きめのものを選んだりしている。みんなの気持ちは見事に料理に反映されていて、かなりわかりやすいなと思う。しかし何年もの間、店員たちが「ジャッキーさん」と呼んでいることは、当の本人にはとても言えない。あだ名はお客さんに知られてはならないのだ。

モーニングの時間帯に訪れる礼儀正しい女子大生も大好きだ。いつもはにかみながら会釈(えしゃく)をして入店してくるのだが、その仕草だけでもう結婚してくれと思う。いつも一人で来て本を読んでいるので、話しかけたいけど恥ずかしくてできない。その代わり、彼女がいつも注文するウィンナーコーヒーには、こぼれんばかりの生クリームを載せて「手が滑ったわ」と小芝居を打つ。気持ちが生クリームになって実際にこぼれているので、いつも日本酒の益みたいになってしまっていてごめんと思う。

ただ女の子と話したいだけのセクハラ野郎が多いのが店員の悩みの種なのだが、そんなわたしたちが一番ありがたいと感じるお客さんは、何よりも「店員に興味がない人」である。「無」の感情でコーヒーを飲み、話しかけてもこず、サッと帰るお客さんこそが我々の癒やし、そして希望である。ちょっと親しくなっただけでグイグイ迫ってくるおめでたい男性が多いぶん、ドライな対応の人にはときめいてしまう。

「教授」と呼ばれている御年九十歳の男性がその最たる例かもしれない。教授はどこその大学の名誉教授で、高齢にもかかわらずいまだに仕事をしている。毎日店に通って何十年になるだろうか、店員人気、不動のナンバーワンである。チンパンジーのような愛らしい動作や（たまに鼻くそほじって散らしてるけど許す）、そのほのぼのとした性格が人気の理由だが、どれだけわたしたちからの愛を受けようが、当の本人は全く気にしていないというところが一番いい。話しかければ二言三言返ってくるが、あんまり人に興味がなさそうなので気楽に接することができる。九十歳なので、ややぼけてしまっているが、それすら魅力に思える。毎日来ているのに「えーと、あれ頼もうかな……なんだっけな……」といつもの注文を思い出せなかったり、杖をついてきたのに杖を忘れて帰ったり、ガーゼのマスクが口元から盛大にずれていて何の対策にもなっていなかったりと、とにかく目が離せない人である。

教授の口癖は「へいへい」なので、「へいへい」ですべての会話が成立する。「おはようございます」「へいへい」「コーヒーでいいですか？」「へいへい」といった具合である。昨年のお正月、親しい常連さんには新年の挨拶をしよう、と自分なりに勇気を振り絞って「あけましておめでとうございます」と教授に言ったら「へいへい」と返ってきた。九十年も生きていたら正月なんてどうでもよくなるのかもしれないが、なんか失恋したような気持ちになった。でも、そのブレなさが好きだ！　次の正月もめげずに言ってみようと思う。

マツダくんという青年とはじわじわ仲良くなった。あるときから常連になってくれて、会社がリモートワークのときにはほぼ毎日来てくれた。マツダくんはいつもいい香りで清潔感があり、綺麗に食べ、本を読んで静かに過ごしているところが好印象なのである。ある日を境に仲良くなり、おしゃべりをしたり本の貸し借りをするようになったのだが、彼は仲良くなっても敬語を崩さず、礼儀正しいままだ。あまりにも感じがいいので、出される軽食や飲み物はついつい大盛り。「うちら調子にのって『まっつー』って呼んでます」と打ち明けても、「そうですか。愛称までつけていただけて光栄です」とニッコリ笑っていた。彼はこんなにちやほやされても決して調子に乗らないブレない心を持っている。「お先に失礼します」と言って退勤するとき、マツダくんまで「お疲れ様でした」と労ってくれるのはちょっと面白い。迷惑なお客さんが来るたびに「まっつーを見習えし」とぶつくさ言うほど、彼はお客さんの手本のような青年なのだ。俄然、推しである。

今年一番衝撃的だった出来事がある。わたしは喫茶店好きが高じて、休みの日も喫茶店巡りに余念が無い日々。先日、街歩きが趣味の知人男性から「喫茶店オタの間で伝説と囁かれている喫茶がある」と耳にした。そこは、ＳＮＳへの投稿一切禁止、店の住所もネットには載せないという固いポリシーがあり、実際に検索してもヒットしない店だった。とにかく外観がイカれているという情報と、「伝説」という甘い響きに魅了された我々は、わずかな手がかりをもとにその店を探した。そして、駅から徒歩二十分ほどの閑静な住宅街に、忽然（こつぜん）と現れたイカれた外壁を見た瞬間「ここだ！」と確信を得た。造りとしては普通の民家なのだが、外壁には統一感のない絵がビッシリと描かれていて、ただならぬ狂気を感じた。ただの落書きなどではなく、何か信念のようなものを感じる絵の数々である。かろうじて「喫茶店です」と小さな文字で書いてある。一体どんな狂人がやっている店なんだ……と恐る恐るドアを開け、「いらっしゃいませ」と近づいてきたのは、うちの店の常連さんだった。

このときはさすがに噴き出したし、なんだか自分の人生の「縮図」のような場面だなと思った。その常連さん、いやマスターは、夫婦でうちの店に来てモーニングを食べる。常連といっても毎日来るわけではなく、たまに来る程度だが、二人の物腰の柔らかさと慎（つつ）ましい態度が印象的だったので、よく覚えていたのだ。イカれた店とはいえ、この夫婦が接客業だということに合点がいった。「趣味で店やってるだけなのよ」と謙遜するママであったが、それが「伝説」と呼ばれているのだからかっこいい。そんなわけで話に花が咲き、お互いに「また行きます」と誓い合って店をあとにした。本当にまだ来てくれている。これは「不思議な縁」というより、「ものすごい磁場」だと思った。こんなに面白いこともあるから、人生捨てたもんじゃない。飽くなき探求は続く。

コーヒーを淹れる傍らで、定点観測のように常連さんの人生模様を眺めている日々だ。単調なようでいて、生活や日常は目まぐるしく変わる。ただの詩人だと思っていた人がある日突然ウーバーイーツの配達員になっていたり、長年付き合っていたカップルが別れたり、最近来ないなと思っていた女性に突然赤ちゃんが生まれていたりする。しかし、どんなことがあっても、わたしはお客さんにあんまり話しかけない。「普通」であり続ける。話しかけられるのが嫌な人、ほどほどの距離感を保っていたい人、というのは一定数いる。店員に覚えられるのが恥ずかしいシャイな人もいるのだ。わたしがそうであるように。しかし言葉を交わさなくとも、お互いを慮ることはできる。マスクから覗く目がしっかり合わさる瞬間に、いつもそう思う。

緊急事態喫茶

二〇二一年の新年早々、一都三県対象に緊急事態宣言が発令された。飲食店への時短要請も加わり、かなり厳しい状況だった。そもそも、昨年から飲食店が続々と閉店してゆく報せが絶えない。昨年も、新型コロナウイルスの拡大防止による外出自粛要請、ならびに飲食店への時短営業要請で、売り上げに大打撃を受けた店は多いだろう。特に、最初の緊急事態宣言が発令されていた二〇二〇年四月七日~五月二十五日は、当店も客入りが通常の三割以下と激減してしまった。一時は感染者数も落ち着いたものの、二〇二〇年十二月から再び感染者が爆発的に増加、一時は一日あたりの感染者が二千人を超えた。未知のウイルスと、政府の愚策に振り回された散々な年ではあったたが、店が生き延びている現状の裏には様々な奮闘があった。今回は、いち飲食店員としてコロナ禍での日々を綴(つづ)ってみようと思う。

二〇二〇年三月初旬、当店の売り上げは過去最高だった。マスターも驚くほどの好調な売り上げを連日叩き出し、店は大忙しの日々。二月頃は対岸の火事程度に思っていたコロナウイルスが、国内でも流行し始めた頃である。コロナに対する小さな不安を覚えながらも、店が繁盛していることに満足していた。

異変が起こったのは三月末。小池都知事の会見が行われたあと、客足は徐々に遠のいていった。その頃はマスクやトイレットペーパーの買い占めなどで自分の生活も大変だったのだが、店の様子がいつもと違うことに一番戸惑った。あれだけ混んでいたのに、四月に緊急事態宣言が発令されてからは誰もが外出を控えるようになり、いつもは満席だった店内がノーゲストになる時間帯も少なくなかった。その頃は、店に立つことで自分も感染するかもしれないという不安と、このまま売り上げが下がることで店が存続できるかわからない、という不安に駆られる日々を過ごした。

目に見えないものと闘うという恐怖は、少なくとも自分の人生のなかでは経験したことがない。店としてできる対策はすべてやった。アルコールスプレーのストックを増やしたり、換気をよくしたり、お客さんが入れ替わるたびにテーブルの消毒を行うなど、とにかく神経を使った。東京都が虹のマークの「感染防止徹底宣言ステッカー」を店頭に貼るように、という謎政策を促していたが、全然意味がわからないので当店ではやっていない。そんなものを貼らずとも、やることをやっていればいいと思う。しかし、それでもお客さんが来ない日もある。それは誰も悪くないことなので、そういうときは普段できない掃除をしたり、少し休憩を増やしたりして過ごした。

マスターに関しては、ノーゲストの瞬間を見計らって自分の好きなCDを爆音で流していた。恍惚（こうこつ）の表情で「こういうのがしたかった」と言っていたのでポジティブの化身かと思った。当店は一度も店を閉めなかった。聞けば、十年前の東日本大震災のときも店をやっていたらしい。有事の際に店が「普通」にやっているのって、もしかしたら心強いことかもしれない。ありふれた日常がありがたいこともある。わたしも、感染のリスクは少なからずあれど、出勤して誰かと会って話をしていることでだいぶ救われていたように感じる。一人暮らしなのでなおさらそうだった。お客さんも、在宅勤務になったのでお店に来られるだけでありがたい、と言ってくれたので、売り上げが少なくとも店を開けていてよかったのではないかと思う。

緊急事態宣言期間は、テイクアウトやドリンクチケットの販売も行った。先輩と相談してマスターに持ちかけたのだが、「任せます」と言われたので頑張ることにした。テイクアウト用の容器を集めたり、値段設定はどうするかなどの問題にも直面したが、従業員の努力とお客さんの協力により、結果的には成功したと思う。たまに来る程度だったお客さんも頻繁にテイクアウトで注文してくれたり、ドリンクチケットを「お得ですね」と何枚か購入してくれる人もいた。SNSで「テイクアウトやってた！」と拡散してくれる人も多かった。物言わずとも「店を助けたい」という気持ちが伝わってくる以上、こちらも暗い気持ちになることは少なかった。

唯一困ったと言えば、感染リスクに対して過敏すぎる人が来店して、文句を言ってくることだった。席の間隔、他のお客さんがきちんとマスクをして会話しているか、換気はどのくらいの頻度で行われているかなど、質問攻めに遭ったり文句を言われたりすることもしばしばあった。特に、前から「ヤバい人」認定されていた厄介なおばさんが、閉めていた窓を無理矢理こじ開けようとしていたときは「家にいたほうがいい」と口にしてしまった。フェイスシールドを付けて来店する徹底ぶりは別に構わないが、なんでも自分の基準に合わせたがる人は困る。そんなに気になるなら来なければいい話だ。個人の「価値観」をすりあわせるのは大変なことだと思うが、他人の言動や店のやり方に目くじらをたてるくらいだったら、厳しい言い方ではあるが来店しないのが吉だろう。

それでも、大半はいいお客さんばかりだった。お会計のときに「身体に気をつけて」と言ってくれたり、差し入れをくれたりと、やさしさが身に染みた。注文するときにきちんとマスクをしてくれたりする心遣いもうれしかった。他のお店が閉まっている影響で、うちの店にたどり着いた新規のお客さんもいた。普段はなんとも思っていなかった、むしろ素っ気ない常連さんがやさしかったときはドラえもんの映画みたいだなと思った。なんだかこそばゆい気持ちになる。

普段はたま〜に来る程度だったお兄さんが、緊急事態宣言の間はほぼ毎日来店してくれたのも印象的だった。神じゃんと思った。普段から控えめでやさしいし、店内で転んだお年寄りに駆け寄って身を案じるほどのいい人だとは知っていたが、コロナ禍でより一層お兄さんのことが好きになった。お兄さんは特にわたしたちに話しかけてくることはなかったが、それでも「店を助けたい」という気持ちは十分に伝わっていた。テイクアウトも頻繁に利用してくれて本当に助けられたのだが、緊急事態宣言中以外は全然来てくれなくなったので寂しい。映画に出てくる影のヒーローみたいだったし、実際に彼はピクサー映画に出てきそうな顔つきをしている。

いまはもう消してしまったが、ＳＮＳでお店のアカウントを作って宣伝することも効果的だった。営業時間の案内やおすすめのメニュー、テイクアウトの紹介をすることによって「ツイッター見ました」と言って来てくれるお客さんが増える。アカウントを宣伝してくれる人もいたので、お店を知ってもらうきっかけにもなった。

ある日、緊急事態宣言になってからよく来てくれるなあと思っていた女性のお会計をしたあと、テーブルの上に小さなメモがあるのを見つけた。「ここがわたしの一番好きな喫茶店です。結婚して引っ越してからはなかなか来られなくなってしまいましたが、ツイッターを見て力になれればと思ってお邪魔させていただきました。店員のお嬢さん、一人で大変かと思いますが応援しております」と丁寧な字で書いてある。身体に電流が走ったようだった。そのときは一人で店を回していて、混んだので少し大変だったのだ。その女性はドリンクチケットも購入してくれていたのに、こんな手紙まで書き残してくれたのだ。その心遣いがうれしくて、そのメモはいまでも、お守りのように大切にしている。

ＳＮＳ警察

我が店にはＳＮＳ警察がいる。店名で検索をして、何が書かれているのか、どんな写真が掲載されているのかチェックする警察である。インスタグラム、ツイッター、ついでにグーグルのクチコミ。時間外業務であるが、きちんと仕事に勤しんでいる。わたしの担当はもっぱらツイッターである。店名だけでなく、店名＋地名、地名＋喫茶などと、あの手この手で調べ尽くす。たいていは「念願の○○行ってきた」「○○最高！」などと微笑ましい投稿ばかりなのだが、なかには「なんでそんなことわざわざ全世界に向けて書くんだよ」という内容のものもある。そういう人は他の投稿でも講釈垂れているので、まあ勝手に言ってなさいとやり過ごす。最近はマスターまでスマホでエゴサーチをするようになったのでちょっと笑える。あるときは「グーグルで『コーヒーがまずい』って、舌のおかしい人が言ってますね」と憤慨していた。

わたしには喫茶店で勤務している友人が何人かいるのだが、「店のエゴサは毎日する」「たまになんやねんこいつって客おるわ」と皆口を揃えて言っている。他の店にもちゃんとSNS警察はいるらしい。やはり一喜一憂するのだ。やっぱり気になるよね！ と盛り上がったが、つまりそのくらい、SNS社会になったということでもある。ちょっと有名な人が宣伝すれば簡単にバズる（爆発的に広まる）し、バズればお客さんの入りもよくなる。お会計のときに「〇〇さんがここに来たってインスタに書いてあったので来ました」と言ってくるお客さんもいるくらいだ。「なんか最近混む」と思っていたら、たいがい芸能人が来ていたとか、ツイッターでバズってるとか、SNS絡みの事例がほとんどだ。芸能人以外でも、喫茶店マニアの人やグルメアカウントの有名な人が宣伝してくれることもある。ありがたいケースも多いが、SNSの投稿で嫌な気持ちになることもあるのが悩みの種だ。

客層的に、インスタグラムを利用しているような若い世代の人が多い。「インスタ映え」という言葉があるように、インスタに投稿して「映える」写真を撮ることに余念が無い人はいる。「喫茶店に来る」ということはささやかなようでいて大切な思い出になるし、食事や人物を写真に収めるところを見るのは微笑ましいのだが、その反面で勘弁してほしいと思うことも多い。

「お待たせ致しました〜」と両手に料理を持って行っても、素知らぬ顔で撮影、編集を続けている人よ。「あなたたちがお冷ややおしぼりをどけてくれないと皿を置けないのですが」という言葉が喉まできている。きているが、そもそも言うまでもないことなので黙ってそのまま待つ。思いやりのあるお客さんは、すぐにテーブルの上に皿が載るスペースをササッと用意してくれる。しかし、自分のことだけしか考えていない人たちはスマホを見ながら一番よく写っている写真を選んでいたり投稿していたりして、「インスタ蝿（ばえ）」という蔑称が生まれたのも頷ける。インスタには「ストーリー」という、通常の投稿とは別に、より日常的な投稿を行える機能がある。写真や動画、ライブ配信などもできるのが特徴だが、誰の許可も取らずに店内をぐるっと一周動画に撮って、ストーリーに投稿している人のことは許しがたい。

撮っている本人としては何の悪気もないというのが難点だが、世界中に発信していることを考えるともう少し想像力を持ってほしいと思う。「ネットリテラシー」を身につけてほしい。店員も風景の一部と思っているのか、普通に動画に撮られて投稿されていたり、写真を載せられてインターネットの海を揺蕩っていることがある。後日エゴサーチして、それを見つけた店員側には怒りしか湧かない。そもそも撮っていいと言っていないし、載せていいとも言っていない。せめて鍵付きのアカウントで投稿すべきではないか。配慮のできる人は他のお客さんや店員の顔にモザイク加工をしてくれているというのにあなたたちは一体なんなんですか。抗議の声が止まらない。

同僚に至っては、ツイッターに自分の顔が丸わかりの写真を載せられたのが嫌すぎて、捨てアカを作ってメッセージを送り、消してもらうように頼んでいた。捨てアカまで作っていることに笑いを禁じ得なかったが、ベストな反撃だと思う。相手のツイッターを見せてもらったが、プロフィールのところに「50yearsold.」と書かれていたのが衝撃的だった。世間知らずの若い子かと思っていたら、いい大人だったのだ。その投稿にはそこそこのしょう。

「いいね」がついていたからか、相手は消すのをためらっているようで、（出た出た承認欲求おばけ！）と思った。同僚は「なんで五十過ぎのおっさんに捨てアカ作ってまで注意しなきゃいけないわけ？」とキレていた。誠に正論だと思う。SNSは配慮を持って使いましょう。

基本的にはエゴサして見つける側なのだが、お客さんのほうから申告してきたレアなケースもあった。二年ほど前だろうか、最近よく来るなあと思っていた中年の男性客にコーヒーを出すと、「あ、あのお……」とモジモジしている。おもむろにスマホを取り出したので、身構えていたらツイッターの画面を見せてきた。「最近このお店を見つけて、素敵だなあと思ったのでツイッターに投稿したんですよ」と上ずった声で言う男性。その投稿は、当店の魅力を伝える百四十文字ギチギチの説明文と、四枚のフォトジェニックな写真。むろん、人の顔は写していない完璧っぷり。店の外観まできちんと撮ってくれていた。（え、それだけ？）と内心思ったものの、「ありがとうございます、素敵に宣伝してくださって」とお礼を言った。すると、彼は肩を落としながら、なんかぼそぼそ呟いている。「……です」「え？」「9いいね、だったんです」虚ろな目だった。「もっといいねがつくと思ってました」と独白する中年男性を前に、なんと声をかけたらよいかわからない。しかしこちらだってSNSには慣れっこだ。平成生まれのインターネット育ちをなめないでほしい。「フォロワーが、そんなに多くないんですかね？」とやんわり言ってみる。しかし、ホーム画面を見ると六百人近くいた。結構いるなと思った。「タイミングとか、色々あったんだと思います」「……」「いいねだけがすべてじゃないですよ」「……そうですかね」何の励ましだよと思いながら「写真も上手ですよ」と褒めると、少しだけ生気を取り戻していた。

彼が帰ったあと、同僚二人に事の顛末を話す。うちの店の投稿以外にも目を通すと、ほとんどが保護猫についての投稿で、絵文字てんこ盛りのほっこりツイートをしている、ただのいい人だった。皆なおさら不憫（ふびん）に思ったので、「うちら三人の鍵アカでいいねして、どうにか12いいねにしてあげよう」と発案したが、結局全員忘れてしまったままである。しかし、彼はめげずにうちの店を宣伝してくれているので、まじでただのいい人だと思う。あだ名が「9いいね」になったことは言うまでもない。

前半では厳しいことを書いてしまったが、店を紹介してもらえるのはありがたいことだ。「おいしい」「また行きたい」と書いてあると（ありがとう）と思うし、写真が上手な人がたくさんいて驚く。それに、自分が作ったものが誰かの記念になるのもうれしい。頑張って作ってよかったと思う。お客さんの思い出を覗き見させてもらう日々だ。わたしはというと、本当にお気に入りの喫茶店はあまり人に教えたくない。ただ、その店で過ごした余韻を味わうべく、備忘録として写真だけ載せることはあるが。

ＳＮＳは楽しい。顔も名前も知らない人と、好きなものを分かち合える幸せがある。自分の世界を誰かに見てほしいという欲求は、ごく自然なものだろう。でも、スマホの画面にばかりかじりついていないで、店で過ごす時間そのものを楽しんでほしいというのは、店員の我が儘だろうか。ゆっくりおしゃべりを楽しむもよし、読書に耽（ふけ）るのもよし。その傍らで、ＳＮＳ警察は今日も元気にパトロールして、鍵アカウントでいいねをつけます。

ガチ恋の翁（おきな）

春が来た。店内を彩る花も賑やかで、スイートピーやチューリップが可愛らしく咲いている。世間ではバレンタインデー、ホワイトデーが終わったばかりだが、喫茶店でデートしているカップルを見ると（いいね）と思う。働いている店員側としても「うちを選んでくれたんだ」という誇らしい気持ちになる。お茶とおしゃべりを楽しんでいる人たちもいれば、買ってきた本を思い思いに読んでいる人たちもいて、いい時間を過ごしているんだなあと思う。ある年のバレンタイン、常連の夫婦の妻が先に来店して、チョコレートを傍らに置いてリップを塗り直し、夫を待っている姿にきゅんとした。また、高校生のカップルが制服デートしている場面にも遭遇したことがあるが、あまりの初々しさにニヤニヤが止まらなかった。いまの若い女の子の間では、透明のスマホケースに彼氏とのプリクラを挟む文化があるらしいという新しい発見もあった。待ち受けにするだけでは飽き足らなかったのだろう。楽しい時期よねえ、と微笑ましくなる。

わたしが思う当店のベストカップルは、毎週日曜日に来ておそろいのモーニングを頼む二人だ。少し不思議な雰囲気の彼女と、親戚のおじさんのようなやさしい彼はみんなに好かれている。二人は住んでいる場所が遠く、隣県に住む彼女が週末こちらに出てきて、毎週この喫茶店デートをすると決めているらしい。なんて素敵なランデブーなのだろう。仲睦まじい姿に元気をもらう日々である。いつもニコニコと入店して、おそろいのモーニングを綺麗に食べてさっと帰る。お会計のときのちょっとしたおしゃべりが楽しい。きっとこの二人はどこでも同じように好かれ、大事にされているのだろうと思う。

カップル客ならではのモヤモヤもある。お会計のときに、どちらが支払うかの攻防戦になっている場面にたまに遭遇するのだ。伝票を奪い合うならまだいいが、女性側に全く支払う気がなさそうなときは気を揉んでしまう。「奢(おご)ってもらって当たり前」感が出ている人は(ちょっとな……)と思う。財布を出すタイミングが明らかに遅すぎたり、大きいほうを男性がまず支払い、小銭は女性側に出してもらいたそうにしているのに、彼女は出す気がないのか永遠に財布の中の小銭をチャラチャラしていて、そうやっていつまでも二人でチャラチャラしている瞬間は気が遠くなる。どちらでもいいから早く出してほしい。他所のカップルのお会計事情に口を出すべきではないと理解しつつも、店員はしっかり見ているぞと思う。余談だが、混んでいるときの個別会計もやめてほしい。切実なお願いです。

一度いけない場面に遭遇したことがある。（彼氏のほう、ちょっとチャラそうだな……）と思っていたカップルの飲み物を運んだとき、偶然彼のスマホが見えたのだが、ちょうど出会い系アプリの「いいね」ボタンを押した瞬間だった。水着美女の写真にハートマークを送る瞬間を、まさか喫茶店の店員に見られているとは思わなかっただろうが、わたしとしてもそんなの見たくなかったよと思う。テーブルの下で指を絡ませているのに、もう片方の手では出会い系にいそしむ彼……。何も知らないであろう彼女に「こいつはやめたほうがいい」と言いたいのをグッと堪えた日であった。

「みんなに嫌われてる夫婦」という最悪なあだ名の夫婦がいるのだが、混雑している土日に時差入店して長居しようとするので、その名の通りみんなに嫌われている。喫茶店は飲み物一杯につき一時間〜一時間半の滞在が妥当なのだが、その夫婦はそれを知ってか、わざとばらばらに来て長時間居座る。かなり古い常連だが、かなり前から嫌われている。その夫婦の片割れが来たら伝票にログイン時刻が書かれるようになったのは、仕方ないことだろう。最悪な夫婦だけど、店内でめちゃくちゃイチャイチャしているので、それがまた癪（しゃく）である。

毎日来るおじさんとおばさんのことを夫婦だと思っていたら実は違って、おじさんのほうには妻がいるらしいと聞いたときは微妙な心持ちになった。だって、どう見てもただの友だちっぽい雰囲気ではないのだ。女性のほうはおじさんが来る前に必ずトイレで化粧直しをするし、おじさんのコーヒーに砂糖を二杯半入れる甲斐甲斐しさを発揮しては彼女感を出しているし……。そんなこんなでやきもきしていると、ある日おばさんのほうがぱったり来なくなった。別れたのだろうか。なんだか他人の人生を覗き見しているような局面だった。お店で働いていると、こういうこともあるのだ。

こんな風に、お客さん同士の恋の話はどこまでも楽しめるのだが、こちらが当事者になってしまうこともある。ガチ恋客のパターンだ。しかしながら、うちはどこまでいっても飲食店なので、店員を口説こうとしている客を見るとおぞましい気持ちになる。映画やドラマではよくある設定だが、悲しいことに、自分たちの親のような年齢の男性がアプローチしてくることも多々あるので、現実はなかなか厳しいものだ。

「坊」と呼ばれるおじさんがいた。『千と千尋の神隠し』に出てくる坊そっくりの風貌でそのあだ名が付いたのだが、坊は完全に女性店員目当てで来ているいやらしい人物だった。お会計のときに「今度飲みにでも行きたいねえ」と先輩を誘っていた日から、もう我慢ならないと思って避けるようになったのだが、素っ気なく接していても毎日来る。新聞を読むふりをしながら女性店員をじっと見る仕草をみんな気持ち悪がっていた。ある日、坊が帰り際に突然「みんな髪切った？　彼氏でも変わったのかな⁉」と言ってきた。誰も髪を切っていないし、彼氏も変わっていないので、全員で無視した。

七十歳くらいのおじいさんが一方的に「今日上がり何時？　十七時？　じゃあ、駅前の広場で待ってるから飲みに行こう！」と同僚の女の子を誘い、返答に窮している間に帰ってしまったことがある。「どうしよう……行かなきゃダメかなあ」と相談してくる彼女の顔は土みたいな色をしていた。居合わせた店員みんなで「行かなくていいよ」「おじいさんと居酒屋行ってどうすりゃいいの」と正論をかまして彼女は行かなかったのだが、後日そのおじいさんが再び来店した際に「どうして来なかったの？　四十分も待ってたのに」と文句を垂れてきたらしい。一方的に誘って、勝手に長い時間待っていたくせに文句を言ってくるとは一体どういう了見なんだと思った。当然そんな義理などない。あくまで客と店員なのだから、プライベートの時間を捧げる意味がわからない。時給も出ないのに、随分おめでたい人たちもいるものだ。わたしは性格が悪いので、そのおじいさんが来店すると「来た！　四十分待つおじいさん」と呟いている。

悲劇的に同じ子の話なのだが、誕生日にまあまあ仲の良い中年男性のお客さんから花束をもらっていた。ワンコインで買えそうなちょっとしたブーケではなく、プロポーズのときにでも使いそうなでっかい花束で、そのときは一同「めっちゃいい人じゃん！」で終わった。しかし、それから約二ヶ月後のある日、その男性が彼女にタイツをプレゼントするという事件が起こった。厳密に言えばマスクとタイツなのだが、そのタイツというのがストッキングのようなスケスケの素材で、足首のところにライトストーンがちりばめられている、ちょっと華美なものだった。到底普段使いできないデザインである。「キモいキモいキモい」と全員ドン引き。仲の良い女性の常連さんも「鳥肌がヤバい」と慄いていた。「彼氏にだってもらわない」「おじさんがタイツ買いに行ったってこと？」と慄然とした。「だってそれって、そのタイツ履いてほしいっていう欲望の表れじゃん」と指摘すると、被害者である彼女も青ざめている。マスクを付けてくるのも、レンタルビデオ屋でアダルトビデオを借りるときにカムフラージュとして普通の映画も入れるのと同じ心理のようで、気味が悪かった。こんなの逮捕だろと思う。

どうして「いける」と思ったのか。どうしてタイツをプレゼントしてもいいと思ったのか。問い詰めたくて仕方がない。ひとりよがりの感情を、わたしたちにぶつけていいわけがない。店員だからお客様の言うことはなんでも聞くと思ったら、それは大間違いである。店員である前に一人の人間であり、感情も意思もある。コーヒー代だけで自分の欲を満たそうとしている客がいるのが残念でならない。奴はその後どうなったかというと、タイツ騒動で激怒したわたしの凍てつくような目線と接客に耐えかねて来なくなった。タイツのおじさんに冷たくする一方で、推しの爺にはニコニコ手を振っていたので察してくれたのだろう。これくらいわかりやすくしないと悟ってもらえないのが実情だ。

これは、おじさんだからダメという話ではない。どんなに若くてかっこよくても、また同性であっても、ただの客と店員という間柄で下着同然のタイツをプレゼントしてくるのは気持ち悪い。一方的に飲みに行こうと言われても困る。たまに「ご馳走してあげる」などと謎の上から目線で誘われることもあるが、よく知らないおじさんに高級料理を奢ってもらうより、気の合う仲間同士で集まって安居酒屋で飲んだほうが楽しいに決まっている。一緒に過ごしたい相手は自分で決めたいし、時間は有限だから大事に使いたい。そのためには、わたしたちも「ノー」と言えるように変わらなければならない。やんわり断ってもきっと効かない。ハッキリと宣告するくらいの意思が必要だ。対等な関係だということを忘れてはならない。誘いを断る権利は、誰にでもあるのだから。

グレーゾーン村の人々

無礼な人や迷惑な人は出禁にしてもいいというのが当店のモットーであるが、依然として困ったお客さんは多い。わたしも結構出禁にしてきたつもりだが、それでもまだモヤッとするお客さんは多い。来店すると思わずため息が出てしまうような人たちだ。問題なのは、その人が出禁にするほどの「大罪」を犯していないというところ。注意するかどうかも憚（はばか）られるパターンもあって、いっそ店内で一暴れしてほしいとすら思う。今回は、そんなグレーゾーンを攻めてくるお客さんにスポットを当てる。もしかしたら、同じような悩みを持つお店も多いのではないだろうか。

ある日の午後、いつものように働いていたら、客席のどこからか「カリカリ」と音がすることに気づいた。同僚たちも気づき、みんなで「なんだろう？　この音……」と出所を探った。換気扇の音？　空調が壊れてる音？　と訝しんでいると、ホールを担当していた同僚がハッとこちらを見た……。そしてこっそり、耳打ちをして教えてくれた。「爪だった」「え？」「おじさんが、爪を櫛で研いでる音だった」カウンターで新聞を読んでいるおじさんのほうを見やる。手元を凝視すると、確かに、一心不乱に爪を櫛でカリカリしていた……。出所がわかったところまではよかったが、その「カリカリ」が一向に止む気配がないので、みんなだんだんイライラしてきて、イライラを通り越して発狂寸前になった。新手の拷問みたいだった。カウンターに座る他のお客さんもおじさんのことをチラチラと見ている。読書中のお客さんに至っては、手につかないのか全くページが進んでいなかった。不憫で仕方ない。

しかし、このおじさんはワンシーズンに一回来る程度。外見やオーダーにこれといった特徴がないので覚えられにくいのだが、あの「カリカリ」が始まった瞬間に「櫛の人だ！」とみんなで思い出す。おそらくただの手癖なので悪意など全くないのだろうが、その音を聞かされているほうは着実にダメージを受けるので由々しき問題だ。注意すればいいのかもしれないが、おじさんに「爪を櫛でカリカリするの、やめてください」と言うのもなんだか間抜けだし気が進まない。全然悪い人でもないし追い出せない。こうなったら、櫛のおじさんが来たら店内のＢＧＭを爆音にするしかない。

これはコロナが流行る前から気になっていたことだが、お札に自分の唾を付けて出してくるのは法律で禁止にしてほしい。手指が乾燥しているお年寄りには仕方のないことかもしれないが、ちゃんとレジ横に指ぬらし的なものを置いているので、どうか使ってくれないだろうか。同じ理由だが、店の新聞を読むときにベロベロ指を舐めている常連がいて毎日イラッとしている。血圧が上がっているのがわかる。「あいつは新聞を舐めにきた」と言えるほど執拗に指をねぶっているので、勘弁してほしい。「唾まみれの新聞、触りたくないなあ……」という気持ちと、「こんなこと注意するの虚しいなあ……」という気持ちが混ざり合って複雑な心境になっている。お冷やの水滴とかで頑張ってめくってほしい。そろそろ堪忍袋の緒が切れそうだ。わたしの心が狭いのだろうか。

「顔で注文してくる」層がいるのも悩みの種である。どういうことかというと、来店してお冷やとおしぼりを置いたときに、じっとこちらの顔を見て（俺の注文、わかってるよね）と圧をかけてくるタイプの人が一定数いるのだ。知らんと思う。そういう人に限ってたまにしか来ないのだから、覚えているときもあるけれど、だいたいは知らん。こちらから「いつものでいいですか？」と言わない限り、「いつもの」と言うのは失礼だ。だってこちらは、毎日百人近くもの接客をしているのだから。わたしのような気の強いタイプは結構はっきりと「ご注文お決まりですか？」と聞く。そうするとばつが悪そうにボソボソ注文するのだが、新人に対しては「俺の注文がわからないなんてまだまだだな」的なことを言うのでダサいと思う。残念ながら、飲食店で偉そうにすることで自尊心を満たす人は多い。

わたしは新人いびりをするお客にも目を光らせている。新人さんがホールに出て行って、注文をとるときに「いつもの」と言う人は特に信じられない。想像力がなさすぎではないか。だって知らないんだもの。まだ仕事を覚えている途中なのだ。それで困っていると「キッチンの先輩に聞けばわかるから！」と吐き捨てる輩（やから）もいた。そんなことしたらただの二度手間なのに、どうしてそんなに意地悪なのか聞きたい。やさしいお客さんは「ゆっくりで大丈夫です」などと言ってくれるだけに、ドラマに出てくる姑（しゅうとめ）のようないびり方をしてくる人がいるのが悲しい。でもそういう人たちはきっと孤独で、どこにも居場所がないから、こんなに小さな喫茶店で自分を認めてもらいたくて必死なんだろうと思う。わたしは新人さんに「なめられるな、愚痴は溜めるな」といつも言う。この子たちを指導していいのはわたしたち先輩だけなのだ。

これは散々書いてきたが、「女性店員を見てくる」男性客にはほとほと困っている。同僚はみんな若いのだが、若いからか、じっとりとした視線を感じることが多い。出禁にするほどではないので手をこまねいているのだが、はっきり言ってやめてほしい。見るなと言いたい。できることといえば、自分たちの持ち場からなるべく遠ざけた席に通すくらいだろうか。みんな明らかに残念そうにしている。あと、お会計のときにお釣りを渡す手を握ってくるおじさんもいておぞましい。そんなときは、コロナ禍で導入した釣り銭トレーが役に立つ。わたしは気持ち悪いと思う人のみに使っている。新人さんにもそう指導している。わたしはこのような行為を「ライトなセクハラ」と呼んでるが、セクハラなのには変わりない。店員をじろじろ見るのは失礼だ。

少し怖いエピソードもある。毎日来る小野さんというおばあさんは足が悪いらしく、いつも支え代わりのシルバーカートを引いて、ゆっくりとつらそうに歩いているのに、近くの商店街では普通にスタスタ歩いていた。衝撃だった。シルバーカートを転がして、颯爽（さっそう）と歩いているのだ。店内では「ごめんなさい」が口癖のしおらしいおばあさんで、周りのお客さんも気を遣って席を譲ったり、道を空けたりしてあげているのに、全部フェイクだったのだ。なんということだろう。小野さんのオスカー女優並みの演技力と狡猾（こうかつ）な手口に驚きを隠せなかった。多分電車とかでもやっているのだろうな……と容易に想像できた。お年寄りのライフハックなのだろうか。こういうのは老人会とかで教え合うのだろうか。しかし、こちらもスタスタ歩けるのを見てしまった以上は「せこいおばあさん」という印象しか持てず、何も知らないお客さんたちが小野さんにやさしくしているのを見ると（ああ……）と残念な気持ちになってしまう。でも、こんなに小ずるく生きる術を持っているから、小野さんは天寿を全（まっと）うすると思う。

定期的に思い出して笑うのが、加藤さんという古い常連の話だ。彼はかなり長い間うちに通って、コーラをストローなしで飲む人なのだが、人柄が絶妙にうざいので、歴代の店員に嫌われてきた悲しい中年男性である。ちょっと仲良くなった店員の連絡先を聞いては、しょっちゅうしょうもない連絡をしてくる要注意人物で、わたしも先輩に「めんどくさいからアドレス教えないほうがいいよ」とアドバイスを受けていた。パニック映画で調子こいて序盤で死ぬ脇役っぽい雰囲気の彼は、ついうっかりストローを持って行くと「あ、俺はいらないから！」とやれやれ感を放ってくる。めっちゃ腹が立つ。ストロー使えと思う。そんな加藤さんは、後輩が新人だった頃、何度目かの接客で「ちったぁ慣れたか？」と聞いてくる猛者でもあった。八十年代の少女漫画を彷彿(ほうふつ)させるその台詞を放ったのは、いけすかないけど気になるアイツではなく、パニック映画で真っ先に死ぬ加藤。「キレそうになりました」と言う後輩、大爆笑の先輩たち。「ちったぁ慣れたか？」なんて台詞、何回生まれ変わっても言えないと思う。

そんな加藤さんも最近は来なくなって、ああ卒業したんだなと悟った。引っ越しや転勤でもしたのかもしれない。後世に残したい名台詞をありがとうございました。

不惑の喫茶

朝七時、開店前の店内でこの原稿を書いている。静かな店内、冷えた空気、山吹（やまぶき）の花のつぼみ。新緑が芽吹く大好きな季節を、この店で何度も迎えてきた。カウンターに座り、誰もいない店内で、ここで起きた数々の事件を思い出す。喫茶店の仕事なんて長閑（のどか）なものだと思われがちだが、意外にもハードである。店の規模や人気の度合いにもよるが、当店はとにかくタスクが多いので、最初はギャップに驚いた。今回は、そんな喫茶店の日々の業務を紹介してみよう。

わたしは早番なので、店の鍵を開けるところから始まる。モーニング用の大量の卵を茹（ゆ）で、おしぼり入れのスイッチをオン。納品されたパンや牛乳を所定の位置に置き、サラダをこさえてお冷やの準備、掃除や朝刊のホッチキス留めなど。まだ完全に起きてはいない頭ではあるが、五年もやっているとロボットのように作業をこなせる。開店五分前からドアの前で待っている人もいる。祝日や日曜日などは開店前から列ができていてコミケのような風景。ドアを開けた瞬間、お気に入りの席へ猛進するお客さんを見ていると、失礼だが年末の幕張を想起してしまう。そのくらいすごいのだ。

午前中はモーニング。パンの焼ける香ばしい匂い、凄まじい回転率、好きなお客さん限定の「おはようございます」。常連客が多い時間帯なので、顔を見ればもうオーダーを作り始めている。松井さんという、母親くらいの年齢の女性客とするおしゃべりが楽しみな時間。いつもわたしたち店員の愚痴や悩みを聞いてくれる心強い味方である。朝、彼女の顔を見るといつもほっとする。松井さんは店が忙しかったり、嫌なことがあったときに美味しいパンを買ってきてくれるので、こういう女性になりたいと思う。忙しい朝に常連同士が喧嘩をしている場面に出くわしたこともあるが、我関せずと放置。いちいち構っていられないので、そういうときは放っておく。そんな店だ。

モーニングを出す傍らで、昼のピークタイムに向けて在庫の補充を行う。スパゲティを茹でたり、サンドイッチのパンにからしマヨネーズを塗ったり。余裕があればこのあたりで花瓶の水も替える。喫茶店の枠から少し外れる業務かもしれないが、わたしはこの作業が好きだ。花で季節を感じる幸せを享受しながら、この花瓶はどのテーブルに置こうかと考えたりする。花は週に一回、馴染みの花屋さんが配達で持ってきてくれる。それをセンスのある先輩が十個以上ある花瓶に器用に生けているのだ。

お昼は軽食が出るので少し忙しい。食べ物を作りながら飲み物も作るので、マルチタスクすぎて最初は大変だった。慣れたいまではオーダーを捌きつつ在庫の補充もできるが、スパゲティ七人前という無慈悲なオーダーが出ることもあって、一分くらい絶望したのち「お時間いただきます」と言って冷静に作る。たまに十分も待てないタイプの人がいるが、喫茶店に向いていないのでファストフードを推奨します。ランチタイムが終わってからは客入りも少しゆるやかになるので、おしゃべりタイム。昨日こんなお客さんがいたとか、彼氏が家事をやってくれないとか、今度あの店に行きたいとか、とにかく話題が尽きない。おしゃべりがうるさいとお客さんに注意されたことがあるほどだ。そのときはしーちゃんが「うちらが静かにしなきゃいけないほど大事な話でもしてんの⁉ そんなの家でやってよね‼」と厨房で逆ギレしていて面白かった。ガチ恋の翁たちから差し入れもよくいただくので、お茶を淹れつつしっかり食べる。甘いものの差し入れ、大歓迎でございます。

明日の分の牛乳やパンを業者さんに発注して、夕方になったら遅番と交代。引き継ぎをして退勤する。遅番はスパゲティのソースやケーキの仕込み、ゴミ捨て、シンクやコンロ周りの掃除、後片付けなどをやっている。卵や砂糖などの買い出しもこの時間に行う。これが結構重たいのだが、買い出しのおかげで筋力がついたと思う。夜のしっとりとした雰囲気もまた一興。たまにお客さんとして行くが、お酒も飲めるので楽しい。わたしは出勤前だけでなく、退勤後にも店で原稿を書くことが多いのだが、結局みんなとおしゃべりしてしまって進まないことも多々ある。しかし、人と会いづらいコロナ禍ではこうやって誰かと話ができることがありがたかった。自粛生活であまり寂しくなかったのも、接客業の特権かもしれない。

平日はこんな感じなのだが、土日や祝日は戦争のよう。止まらないオーダー、溜まる洗い物、足りない在庫、ひっきりなしに訪れるお客さん。おしゃべりする暇がないときもある。とにかく必死に作って運んで片付けて、を繰り返す。時間が経つのもあっという間で、気づくと退勤時間になっている。忙しすぎるとミスもあるが、それはお互い様。人手が足りないとマスターやその妻である由美子さんが参戦してくるのだが、後期高齢者に差し掛かっている二人にはかなりの重労働だと思う。しかし元気に頑張っているので、「店をやっている人老けない説」がわたしのなかで浮上している。現に、二人が体調不良を訴えることはほぼないので、自営業のたくましさを思い知った。マスターに関しては、日頃の筋トレも功を奏しているのかもしれない。

ざっくばらんだが、業務内容としてはこんな感じである。平日でも忙しいときは忙しいし、混み方は読めない。体力勝負な仕事であるのは確かだろう。現にわたしはこの仕事を始めてから痩せたし、なんだか同僚もみんな痩せている。結構食べる人が多いのに痩せているので、相当エネルギーを使っているに違いない。

これまでの人生、仕事が続かなかったわたしだが、この喫茶店で五年近く勤めていられるのは、自由にやらせてもらっているからだと思う。もしこの店がおしゃべりも禁止で、嫌いなお客さんにもへこへこしなければいけなくて、同僚にいじめられたりして、決まり事が多い店だったらとっくに辞めている。この店では素の自分でいられるから、精神的に楽なのだ。最初はびっくりすることも多かったけれど、戦いを重ねたいまでは物怖じすることもなくなった。そして思ったのは、この店は面白おかしいことが起こる強力な磁場だった、ということだ。「だって全部本当のことだもんね」と、この連載を読んでくれている同僚は言った。全くその通り、わたしはありのままを書いてきた。「こんな店行きたくない」という感想も見かけた。わたしはそれを否定しない。万人に認められる店でないのはわかっているし、合わないなら来なければいいのだ。安心・安定第一のチェーン店に行けばいい。だってここは個人店なのだから。

常識はないが、良識はあったと思う。いいお客さんにはきちんとサービスをするし、そのお客さんたちが居心地よくいられるように、マナーの悪い人は追い出してきた。「心地いい空間」を守るためには、戦うことも必要だ。それは第三者からすれば面白おかしいことかもしれないし、「サービス業としてどうなのか」と眉を顰める人もいるかもしれないが、出禁にするのは体力も気力も消耗する。二十代の女というだけで下に見られることが多いわたしたちは、少しでも抗議の声を上げただけで「生意気」「店員の躾がなってない」などと攻撃されてしまう。ネットに好き勝手書かれたり、ひどいときには無視もされる。それでも戦い続けるのは、自分や働く仲間を大切にする強さを身につけたから。

この世の中は狂っている。悔しいがそれが事実だ。でも、だからなんだ。何の主張もせず、狂った奴らの言いなりになって働くのか。店員だから格下なのか。お客様だから何をしてもいいのか。若い女だからなめられても仕方ないのか。わたしは日々考え続けた。小さな喫茶店で働きながら、色んなことを自問自答した。間違っていることを間違っていると言えない弱さは、のちに自分を苦しめることとなる。どんな相手でも対等であること、嫌な気持ちに素直になること。そういう当たり前のことをやっと思い出せたから、「常識のない」人たちを出禁にし続けることができた。店にだって、お客さんを選ぶ権利はある。罵倒されても、言い返されても、わたしたちは黙らない。

常識から逸脱したこの店で見つけたのは、ブレない心と本当のやさしさだった。不快な出来事に声を上げることで、自分を大切にすることを学んだ。多くの人と関わり合ううちに、色んなやさしさのかたちを知った。自分を殺さずに、自由に生きていいという当たり前のことを、わたしたちは本当によく忘れてしまう。だからわたしは書いた。出禁にするだけじゃ足りないから、この場をお借りして、声を大にして、ただの喫茶店員の立場で物申している。このおかしな世の中が、少しでもよくなりますようにという願いを込めて書いている。人生はどう転ぶかわからないから、わたしもそのうちこの店を辞めるときがくるだろう。それでも、この店で働いた日々のことを思えば、自分らしく、強く生きていける気がする。そう思わせてくれた場所に出会えた奇跡を噛みしめている。

最後に、連載『常識のない喫茶店』を応援してくださった方々に感謝の意を伝えたい。この連載が、わたしの物語が、働くすべての人々の勇気になることを祈って。すべての人が、自分らしくいられますように。もしご縁があったら、読者の皆様と「お客様と店員」として出会うこともあるでしょう。ようこそいらっしゃいませ、魅惑の喫茶、不惑の喫茶。

II おかわり

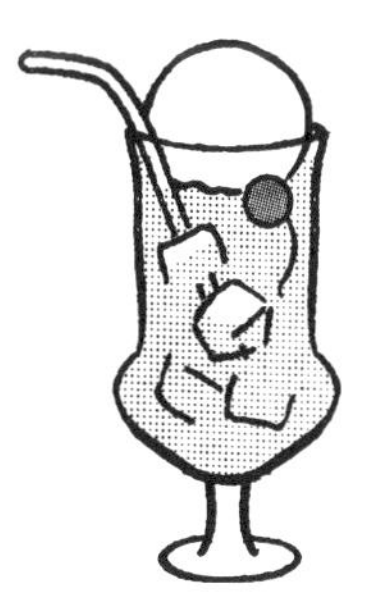

ここだけの話

毎日が事件の連続である。この本には数多の事件を書いてきたが、思い返すとまだまだ出てくる。クスッと笑えるものもあれば、警察沙汰寸前のものもあり、話には事欠かさない。今回は、特に珍妙だった事件の数々を読者の皆様と共有したいと思う。

あるお客さんに「あの、私サンドイッチの研究をしている者なんですけど……」と話しかけられたときはびっくりした。還暦近い女性で、かなり濃い化粧をしていたのが印象的だった。話を聞くと、色んな店のサンドイッチを食べ歩いて研究をしているのだという。(サンドイッチの研究とは？)と思ったが、注文されたハムサンドを提供すると「ハムが薄い！」と大きな声で叱責された。「ハムは薄い店がほとんどですよ」と諭(さと)したものの

「こんなサンドイッチじゃだめだ」と怒っている。そのうち店の悪口を言い出したので、お察しかとは思うが出禁にした。捨て台詞は「店員の教養がない！」だったが、常識がない人に言われる筋合いはないのだ。

かつて「黄色いおじいさん」という常連客もいた。常に全身黄色い服を着ていてモーニングの時間に来店する人物で、たまに全身赤のときもあった。なぜか開封済みのグミをくれたこともある。ある日、「今日はこれから手術するんだ」というおじいさんに対し、しーちゃんが「どこか悪いんですか？」と聞いたら「俺が手術するんだよ」とキレ気味に言われたらしい。黄色いおじいさんはまさかの医者だった。しかしどう見てもよぼよぼなので、不安しかなかったのを覚えている。

盗人に悩まされたこともある。喫煙可能だった時代に、灰皿を盗むおじさんがいた。ヘビースモーカーが来ないようにと小さな灰皿を置いていたのだが、それが仇となり、よく盗まれたのである。特に高価というわけでもない、なんてことない灰皿だったが、そのおじさんが来るたびに盗まれていた。「灰皿を盗む人」としてずっとマークしていたら、連れのおばさんは塩入れを盗んでいた。まさかの盗人コンビだったのだ。塩入れを盗まれたときはさすがに耐えかねて、マスターの妻である由美子さんが「警察呼びますよ！」と言ってくれたので、塩入れは返してもらい、おじさんごと出禁になった。「警察」という一言はやはり効くらしい。「しょうもないもんとりやがって」と憤ったのを覚えている。

そういえば、生け花を盗まれたときもあった。挙動不審な一見のおばさんがいて、なんとなく見ていたら花をちぎってカバンの中に入れたのだ。灰皿、塩、花。全員やりたい放題である。犯罪なのでただただ許せないが、「ドロボー！」と叫んだときのわたしはちょっと輝いていた気がする。

常連さんが密告してくれたのだが、席を巡る事件もあった。毎朝来る常連のおじいさんにはお気に入りの席があって、いつもそこに座っていたのだが、ある日満席で入れなかった。すると、そのおじいさんは自分のお気に入りの席に座っていた若いカップルに「どけ」と言い放ち、帰らせたというのだ。店員が見ていなかったときのことなので対処できなかったが、立派な出禁案件である。そもそもこのおじいさんはいつもキレていて、わたしたちも手を焼いていたのである。そのおじいさんはやがて病気にでもなったのかげっそり痩せ、店にも来なくなったので「死亡説」と呼ばれている。

「ヤクザお漏らし事件」なるものもあった。街で有名なヤクザが舎弟を引き連れて来店していた時期があり、物騒だったが特に目立った行動はしないので、やがて常連になった。年齢は八十歳前後だろうか。ヤクザはわたしの塩対応に対し「つれないなあ。生理か?」というセクハラもかましてきて、ちょっとキレそうになったこともある。しかし相手はヤクザ。下手な真似はできない。ある日、早番の後輩が床掃除をしていると妙な臭いを感じた。臭いの正体はわからないままその日は退勤し、引き継いだわたしが遅番の先輩と話していると「そういえば昨日ヤクザが漏らしたんだよね」と言うではないか。漏らした場所はもちろん、後輩が異臭を感じた席だった。この一件から、ヤクザは「お漏らしのヤクザ」という不名誉なあだ名で呼ばれることとなった。お漏らしのヤクザはその時点で舎弟の介護がいるほど耄碌(もうろく)していたので、いまはとっくに店を卒業している。様々なあだ名があるが、一番恥ずかしいあだ名かもしれない。

ここまではお客さんの珍事件を書いてきたが、身内の珍事も尽きない。当店は軽食に力を入れていて、どのメニューも絶品だと胸を張って言える。レシピはあれど、作り手によって微々たる差は出てくる。たとえば、わたしが作る料理はだいたい量が多い。作っているうちに母性が目覚めて、「我が子にいっぱい食べてほしい」という気持ちになってしまうからだ。いつもすごい勢いでレタスをむしっている。しょっぱいもの好きな同僚が作るたまごサラダは塩が効いていたり、薄味派の先輩が淹れるロイヤルミルクティーは色がほんのりしていたりと様々だ。皆お互いの作り方にはあまり口出ししないので、レシピを間違えたまま作っていることもある。いずれも小さな事件ではあるが、あるとき、とんでもないことが発覚した。

以前勤めていた智子さんは、六分四十五秒茹でるスパゲティの麺を、なんと十一分茹でていたのだ。倍近くの時間を使って茹でていたのだから、それはもうぶよぶよだったのではないだろうか。ある日智子さんが麺を茹でていて、その時間の長さを訝(いぶか)しんだ先輩がタイマーを見たところ発覚したらしい。智子さん以外の人は「十一分⁉」と驚いていたが、当の本人は「ああ、そう」というリアクションだったので笑えた。智子さんちのパスタはどのくらいの硬さなのか、気になる。

当店で一番ヤバい人のエピソードも披露しておきたい。店の外での話だが、いまでも忘れられないでいる。マスターの誕生日に同僚たちと焼き肉をご馳走したことがあった。「少しは出すよ」という申し出を固辞して、わたしたちの奢り。行きつけの焼き肉屋の店員さんにも「今日はみんなが私の誕生日を祝ってくれるんです」と自慢していた。テンションが上がっていたのか、終始ソワソワして何回も乾杯する始末。これだけ喜んでくれるならご馳走してよかったね、と言い合っていたら、店員さんの粋な計らいでバースデープレートが運ばれてきた。「ハッピーバースデーマスター」とチョコのペンで書いてある。これには一同感動である。マスターは店員さんに深く感謝し、握手までしていた。ここまではよかった。しかし、あまりに昂ぶってしまったのか、マスターは皿を持ち上げ顔面と平行にして、「ちょっと恥ずかしいけど」とチョコの部分を舐め始めたのである。みんなで「エーッ」と驚いてしまった。マスター的には「チョコの部分も平げないと無礼」だと思ったのだろうが、ちょっとじゃなくてかなり恥ずかしいのでやめてほしい。すごいものを見てしまった。もしここが自分の店だったら、妖怪みたいだな、と爆笑してしまうかもしれない。

大なり小なり、日々事件は起こる。そのときは大変でも、あとから笑い話になったりする。同僚に「昨日こんなことがあって」と話している時間は楽しい。わたしたちは、日々刺激を求めているのだろう。この小さな喫茶店で起こった事件の数々を思い出すたび、過ごしてきた時間の長さを知る。歳をとっておばあさんになっても、「こんなこともあったなあ」と思い出し、懐かしむのだろう。こんな風に日々の面白さを見つけるのが、接客業の醍醐味(だいごみ)かもしれない。

喫茶店員あるある

わたしには喫茶店で働いている友だちが何人かいるのだが、「喫茶店の店員あるある」話に花を咲かせることが多い。みんな喫茶店が好きで働いているので、いいお店を開拓しに行ったりもする。一番盛り上がるのがヤバいお客さんの話だが、それ以外にも共感できることはたくさんある。同業だからこそわかりあえるネタのいくつかを、読者の皆様にも共有しておこう。

まず、「店員目的で来る人嫌だよねえ」という話はどの店でも通じる。コーヒーを飲みに来るというより、お気に入りの店員と話したいがために来店するお客さんのことを指す。当店では、毎日二、三回は店に来るよぼよぼのおじいさんがいるのだが、ある日「俺はこの店で美人のお嬢さん方を眺めながらコーヒー飲むのが好きなんだ」と言ってきて引いた。動機もキモいし、見てくるのも失礼だし、美人じゃなかったら来ないのかよと色々な感情がせめぎあって無理になった。店に通い出した当初は、愛嬌があるしキャラも面白いと思っていたのだが、「俺は○○さん（わたし）がお嫁に行ったらもう来ない！」と発言してきたあたりから冗談でもキモいなあと思うようになり、前述した台詞がトドメとなって、以来目を合わせていない。当人は褒めたつもりかもしれないが、コーヒー一杯でジロジロ見られてたまるかよというのが店員の本音である。失言にも気をつけましょう。

わたしが学生時代に通っていた喫茶店で、たまたま友だちが働くことになったときは驚いた。その友だちと知り合ったのは卒業後なので、何か縁のようなものを感じる。メルヘンな喫茶店で、アンティークの小物や少し暗めの照明がいい感じだと思っていた。彼女は動物が大好きで、虫も殺さないくらいやさしい（本当に逃したりする）性格なのだが、接客中はたまに極悪になっていて笑える。嫌いなお客さんのアイスコーヒーには氷をたくさん入れてコーヒーの量を少なくしていたり、失礼なお客さんに当たったあとはツイッターに「おうちに籠（こも）ってな」と書いたりしている。いつも白いブラウスを着て穏やかな微笑みをたたえている人でも激変するのだ。

その一方で、好きなお客さんにはついサービスしちゃうよね！　という気持ちはどの店も共通であった。個人店だからできる業だが、好きなお客さんのコーヒーはちょっと多めに注ぐとか、サンドイッチに使うレタスは新鮮でシャキシャキの部分を使うとか、一見しょうもなさそうに見えるができる限りのサービスをしている。カップや皿も自分が気に入っているものを使ったり、とにかくこだわりを見せ出すので、同僚の様子を見ていてもどのお客さんを贔屓（ひいき）にしているかがわかる。友だちのお店に遊びに行った際、彼女が「これわたしが一番好きなカップなの」と言いながら花柄のカップでコーヒーを出してくれて和んだ。よくお客さんに合わせてカップを選んでくれる喫茶店はあるが、そういう楽しみもあっていいと思う。

これは喫茶店に限らない話かもしれないが、「お冷やで居座る」人は果たして恥ずかしくないのだろうかとよく話題になる。喫茶店なのだからせめて飲み物は注文してほしいのだが、軽食とお冷やだけで居座る人は意外にも多い。某有名喫茶に勤めていた友人は、お客さんに「水！」と催促されるのがストレスだったと言う。「飲み物頼んでね」という意味を込めてその店のお冷やグラスは小さいのだが、けちくさい人もいるものだ。そういえば、その店のとんでもエピソードがある。モーニングのトーストはおかわり自由なのだが、一人で二十四枚食べた猛者がいるらしい。店を潰す気なのか、ただの浅ましい人なのかわからないが、恥も外聞もないとはまさにこのことである。良心的な店なので、おかわりしたトーストにもマーガリンとジャムがついてくるのだが、それにしても飽きないものかと思う。うちだけではなく、他店にも在庫荒らしがいたものだ。あらかじめワンドリンク制の喫茶店もよく見るが、そうでない喫茶店でも飲み物を頼むのがマナーと言えよう。お冷やだけで粘る人、店員はよく見ています。

お会計でも思うところはたくさんある。「ガチ恋の翁」でも触れたが、カップルがお会計の際に小銭があるかないかで永遠に財布をチャラチャラしてる時間については、「無駄じゃない？」と友だちも言っていた。「どっちでもいいから早く出してほしい」「レジの前でやらないでほしい」という意見が圧倒的多数である。喫茶店のお会計などたかが知れているので、早く出せるほうが出すのがスマートだろう。

わたしが好きな喫茶店は「千円札が不足しています」という貼り紙をいつも貼っていて、恐らく五千円札や一万円札を出されるのをやんわり断っているのだが、賢い方法だと思う。月末は特に一万円札で出してくる人がちらほらいて、申し訳なさそうにしている人ならまだ許せるが、財布から千円札が何枚か見えているのに一万円札を出してくるお客さんはちょっとギルティだ。もちろん見ようと思って財布の中を見ているわけではないが、はずみで見えてしまったときは（その千円で出してほしかった……）と思う。おおっぴらには言えないが、細かいお金を持ってきてくれるととても助かります。

お客さんにあだ名を付けるのも、喫茶店のみならず飲食店あるあるだろう。本名を知っている場合もあるが、知らない人にはあだ名を付けている。牛丼店では「中盛りネギ抜きの人」、定食屋では「鯖（さば）味噌ごはん少なめの人」など、注文の仕方であだ名が決定することが多い。そう考えると、我が店のあだ名は創意工夫に溢れているじゃないかと思ったりする。最近付けたあだ名は、筋骨隆々のお兄さんなら「ムキ兄」、林修先生にそっくりの男性なら「先生」など、本人にバレるのも時間の問題なすれすれものである。あだ名を付けておかないと店員同士で会話が嚙み合わないことがあるので、常連さんになったら初期のほうで決めておくといいと思う。余談だが、常連さんに「いつものでいいですか?」とこちらから聞くとみんな結構うれしそうにしている。また、「いらっしゃいませ」が「こんにちは」に変わったりしたら、それは店員に好かれている証だと思ってよいだろう。

喫茶店で好かれている人は、きっとどこのお店でも大事にされていると思う。好きなお客さんたちがいい一日を送れるよう、おいしいコーヒーと軽食を用意して待っている。サービスはするほうも楽しいのだ。

わたしの喫茶紀行

喫茶店に勤めるようになってから、喫茶店に行く回数が増えた。コーヒーなら自分の店で飲めばいいのに、と言われるかもしれないが、違うのだ。わたしに言わせれば、コーヒーが飲みたいというよりも「空間」を味わいたい。喫茶店のはしごをすることもしばしばだ。一見同じような店でも、お客さんの層やマスターの人柄、接客など、細やかな違いや発見がある。コレクター感覚に近いのかもしれない。たとえ好みの店でなかったとしても、残念な気持ちよりは、開拓できた喜びのほうが勝る。雑誌やテレビ、SNSで紹介されているような人気店も素敵だが、一見やっているかわからないレベルに寂れた店も好きだ。もし両者が同じ立地にあるとしたら、わたしは寂れた店のほうに突進する。いつなくなるかわからないからだ。そうやって入店すると、のんきにテレビを見ていた店主がびっくりしながら「うちはコーヒーか紅茶くらいしかないよ」と言って、急いで席をこしらえてくれる。若者が来たのが珍しいのか、そのままおしゃべりに花を咲かせたりすることもある。

ちょっとした冒険のようなひとときだと思う。グーグルマップで調べても評価が一件も入っていないような店に突撃するときは、ものすごくどきどきする。マスターがやたら怖かったらどうしようとか、料理が激マズだったらどうしようとか、一抹(いちまつ)の不安はあれど、好奇心には勝てない。どちらの不安も的中したこともあるが、それはそれで経験として積めるので問題ない。

一番面白いのは、マスターが変な店に当たったときだ。あまりにも有名な店なので検索すれば出てくるが、喫茶天国・名古屋には天井からカフェオレを注いでくれる店がある。大阪に住む友だちと名古屋に住む友だちと三人で遊んだ際に「どうしても行ってみたい」と懇願して、昼過ぎに訪れた。話によると、マスターがいるときにカフェオレを注文すると、脚立に上って天井から注いでくれるサービスがあるらしい。なぜそんな奇行をするのか理解できなかったが、面白そうだったので期待値は高まった。

入店した際はマスターと思しき人が見つからず、今日は非番なのだろうかと残念に思っていたが、やがて奥からチェックシャツを着たお父さん然とした人物が出てきて、この人がマスターだと確信を得た。あまりにも種類が多すぎるメニューのカフェオレのところをチェックすると、「カフェオレの天井落としはマスターが疲れているときはできません」と弱々しく書かれている。今日がめっちゃ疲れてる日だったらどうしよう……と思ったが、カフェオレを注文。他にもコーヒーフロートやパフェを注文したので、それらを片付けている間に、大きな脚立を持ったマスターが自分たちのテーブルに現れた。

異様な光景である。脚立を持ったマスターがわたしたちの前に立ちはだかり、「きみたちどこから来たの?」とにこやかに聞いてくる。東名阪からやってきたことを告げると若干うれしそうにしていた。なかなかチャーミングな人物である。そこまではよかったのだが、肝心のカフェオレ落としは壮絶だった。まず、ソーサーとカップを持つ(受ける)役、動画撮影担当、写真撮影担当をマスターに割り振られる。注いでもらう役の人は脚立の下でスタンバって、マスターが脚立の上からそのカップ目がけて注ぐ。撮る位置なども細かく指定され、「はい、いくよ……スタート‼」の声と共に天井からコーヒーと牛乳が振ってきて、受け手はそれらをうまいことカップに収めるのに必死になる。マスターとしてはいい構図で撮ってもらいたいようで、動画・写真担当にも容赦なく「もっと上ー‼」「はい止める‼」などと指示を出してくる。

カップから溢れてソーサーに飛び散ったカフェオレと、三月上旬だというのに汗をかいているわたしたち。これはひとつのアトラクションに近かった。しかし息つく間もなく、撮影は続く。三人全員がそれぞれの役をやらなくてはならないのだ。なんと慌ただしいことだろう。最後は三人で脚立に乗るように指示されて、ポーズをとって撮影された。その一枚だけは何度見ても笑える。しかも、やっとカフェオレが飲める頃にはちょっと冷めていた。店から出たとき、全員ぐったりしていたのも含めて「ここは喫茶店ではない」と思った。でもまた絶対に行きたい。

わたしがいいなあと思う店は、生け花が飾ってあって、店員さんの距離がほどよくて

（前述したような近すぎるところも面白いけれど）、うるさすぎず静かすぎないところ。砂糖入れや店内の小物が可愛いとさらにいいなと思う。一人で行きたい店もあれば、誰かと一緒に行って楽しみたい店もある。自分の家や活動範囲のところで何軒か「お気に入り」の店を作っておけば、気軽に気分転換ができてよいと思う。わたしは自意識過剰なので、あんまり通うと店員さんに覚えられてしまうのでは、と思って勝手に恥ずかしくなり、行きたくても思いとどまる店がある。好きならばちゃんと通ってお金を落とすべきなのはわかっているのだが、もし失態を犯してしまったらどうしようという緊張のせいで、むしろあんまりゆっくりできないという謎の境地に達してしまった。さすがに気持ち悪いなと我ながら思うが、そのくらい、「いいお客さん」でありたいのだ。

「いいお客さん」とはなんだろうと考える。喫茶店のマナーに限った話であれば、軽食だけでなく飲み物をちゃんと注文して、滞在時間は一時間から一時間半、それ以上滞在するならば飲み物を追加オーダーする、長時間のパソコン利用はしない、大きな声で話さない、などだろうか。お店によっては店内撮影禁止や、パソコンの利用不可のところもあるので、不安ならば最初に断りを入れておくのが得策だろう。店には店の信念があるので、自分と相性のいい店を見つけることが肝心だと思う。店によって様々なルールがあるはずだが、他のお客さんのことまで考えられる人が「いいお客さん」なのではないだろうか。これは店員目線でもそう思うし、みんながそうであれば誰もが気持ちよく過ごせるはずだ。

わたしにとって、喫茶店で過ごすひとときは、なんてことないように見えて特別だ。手軽に非日常に連れ出してくれる。仕事で疲れたとき、原稿が進まないとき、一人になりたいけれど人の気配は感じていたいとき、いつでも迎え入れてくれる。ただぼんやり過ごすのもよし、読書に耽るのもよし。こんな風に、自分に小さなご褒美を与えるのはとても豊かなことだ。この本を手にとったあなたにも、そんな居場所がありますように。

特別なお客さん

喫茶店で働いていると、友だちが会いに来てくれるので楽しい。なかなか予定が合わない友だちでも、お店に来てくれさえしたら顔は見られるし話せるので気分転換にもなる。一度友だちが遊びに来てくれたときに、ちょうど客と派手な喧嘩をしていて「本当に客にキレるんだね」と言われたこともあった。本当にキレるに決まっている。ただのお客さんと店員という間柄だった人も、仲良くなって友だち感覚でおしゃべりするようになったりもする。おすすめの店を教えてもらったり、仕事の愚痴を聞いてもらったりと、ほどよい距離感で接することができる。いい関係だ。

あるイラストレーターのお客さんがいて、寡黙な印象だったのであえて話しかけずに三年ほど接してきたが、ある日を境に急接近した。わたしの執筆活動がバレてしまったのである。そのお客さんを中島さんとしよう。中島さんは酒場が好きで日々巡っているのだが、とある立ち飲み屋で意気投合したのがわたしの同僚で、「そのお店に物書きの人がいませんか?」と、風の噂でも聞いたのか尋ねてきたようだ。よりによって常連の中島さんにこの連載を読まれているなんてと顔面蒼白となったが、「面白い」と言っていたそうなので一安心。彼はいいお客さんとして重宝されていたので、「話しかけられたくないタイプだったらまずい(=もう来てもらえなくなる)」と声をかけずにいたのだが、この一件で完全に距離が縮まり、よく話すようになった。中島さんはちょっと不思議で、せっかく来たのに十五分くらいで帰ったり、コーヒーはちょっと残すけどバナナジュースは一分で飲みきったり、巨大な忘れ物を定期的にしていたり、実はツッコミどころ満載のお客さんなのである。あるときはしーちゃんが中島さんの忘れ物を持って三百メートルくらい走って追いかけた。しーちゃん、走りがちである。

中島さんとは、お客さんの話もよくする。お客さんの話というのは、こういう人がいたとか、これが嫌だったとか、たいていとりとめのない話なのだが、共感してくれるので助かる。常連さんも他のお客さんのことを、見ていないようでしっかり見ているのだ。わたしたちが「嫌だな」と思っていることは中島さんにとっても不快らしく、そういう意味では店員の味方であり、お客さんの鑑(かがみ)とも言えよう。しかし彼もなかなか腹黒いと思ったのは、わたしが嫌いなお客さんからの差し入れを拒否しているところに偶然居合わせて、そのとてつもなく凍った空気を「アトラクションみたいで楽しかった」と後日評していたところにある。好きなお客さんの前でこんな姿を見せるのは悪いかなあと思いながらも、嫌いなものは嫌いなので仕方ない。「嫌いなおじいさんが『ほらよ』と言わんばかりに渡してきた苺にわたしがキレてたときですね！」と盛り上がって、いまではちょっとしたネタになっている。中島さんには夫婦円満の秘訣やおすすめの酒場を教えてもらったりしているのだが、バナナジュースを一分で飲んでいたことにはいまだに触れられずにいる。中島さん、いつもご来店いただきありがとうございます。

ところで、わたしには特別なお客さんがいる。不思議な関係の人だ。彼女と出会ったのは二年ほど前だ。当時わたしは同人誌即売会が主戦場で、そこで自主制作の同人誌を売っていた。商業的な活動はほとんどしていない頃である。夏のある日、知り合いの作家さんから声をかけていただき、書店での一箱古本市に参加することになった。ただ古本を売るのもなんだしと、書き下ろしのエッセイを配ることにした。顔なじみのファンの方や知り合いが遊びに来てくれて楽しいひとときを過ごしていると、見知らぬ女性に話しかけられた。「僕のマリさんですか」と尋ねる声は震えていて、緊張しているのがよくわかる。わたしも人見知りゆえに緊張するので、そうです、と小さな声で答えると「これ、よかったら」と花束が差し出された。わたしは部屋に花を飾る習慣があるほど花が好きなので、一気に心がときめいた。「手紙も入ってて」と言う彼女の声がうわずっていて、よもや泣きそうになっている。話を聞くと、以前わたしが参加した合同誌を読んでファンになってくれたのだと言う。わたしはこの店のことについて書いたのだが、彼女が「もしかして、ここって」と述べた店名はまさにわたしが働いている店だった。「十年以上通っている大好きなお店です、働かれてたんですね」と驚かれたが、わたしのほうも、何年もすれ違っていたことに驚いた。奇跡的にわたしのシフトと彼女の来店時間が合わなかったようで、初めまして、と挨拶をした。彼女の名は葉子ちゃん。

その日以来、ＳＮＳで繫がり、お店でも顔を合わせるようになった。わたしが親しげに挨拶すると、ベテランの先輩が「あの人と知り合いなの？」と驚く。「執筆活動のほうで知り合ったんです」と説明すると「昔っからの常連さんだよ」と目を細めていた。学生時代から通っていて、ひどく酔っ払いながら来店することもあったという。わたしの知らない葉子ちゃんの顔。しかし何より、彼女が歴代の店員に好かれていたということがなんだか誇らしかった。

葉子ちゃんは三歳年上の会社員。サウナが好きで、ライターとして記事も書いている。好きなことに全力を注いで生きているから、彼女の暮らしぶりをツイッターで眺めるのが好きだ。葉子ちゃんとは感性が似ているような気がして、おすすめの本を貸したりもした。読書も好きなのだ。マスターが葉子ちゃんを気に入り、連れだって飲みに行くこともあった。彼女がみんなに好かれていて、わたしもうれしい。

葉子ちゃんは、わたしが元気のないときに店に様子を見に来てくれたことがある。確か日記か何かに愚痴をこぼしていて、それを拾ってくれたのだろう。店に来た葉子ちゃんの顔を見た途端に緊張がほぐれて、ちょっと泣きたくなったのを覚えている。彼女はわたしの休憩中に話を聞いてくれて、頼れるお姉さんといった感じだった。あんまり人に言いたくない話題も、葉子ちゃんにならなら話せた。おいしいぶり大根の作り方やがめ煮（福岡県の郷土料理。わたしと葉子ちゃんの故郷は九州）のコツを教えてもらったりと、生活に役立つ知識も授けてくれる。書き手とファンであり、客と店員でもあり、はたまた友だちでもある。わたしたちの関係に決まった名前はないけれど、この店が呼び寄せた不思議な縁で二人は繫がっている。葉子ちゃんも、元気の出ないときはどうかうちの店に寄ってほしい。心落ち着くおもてなしができるように、腕を磨いて待っている。いつもありがとう。

厨房は戦場

サンドイッチを切りながら泣いたことがある。厨房の中での話である。新人だった頃、先輩に手取り足取り教えてもらいながら厨房の業務をこなしていたのだが、あまりにも大変で、混乱して、ついぞ泣いてしまった。いまはさすがに泣かないけれど、泣きたくなる日もある。

多くの飲食店がそうだと思うが、当店では最初はオーダー取りやお会計、片付けなどのホールの仕事、慣れてきたらフードやドリンクを作る厨房の仕事も任される。喫茶店の調理なんて簡単だろうと思われがちだが、メニューが多い店だと、少ない人数で相当頑張るはめになる。うちもそうだ。オーダーが溜まると頭がこんがらがるし、効率のいい方法を覚えるまでは本当に大変だった。そのくらいマルチタスクなのだ。優雅なイメージとはかけ離れた修行のような日々だ。

うちは小さな店なので、厨房の中はとにかく狭い。狭いスペースで調理や仕込みをするので、工夫を凝らしてやるしかない。湯を沸かし、野菜を切り、スパゲッティや卵を茹でる。常に同時進行で何かを作ったり仕込んだりしないと間に合わない。スパゲッティやピラフを炒めながらコーヒーを淹れ、サンドイッチを切り、クリームソーダを作る。スピードが命でありながら、完璧な品を出したいので盛り付けにもこだわる。サラダをこんもり盛ったり（わたしのサラダは植物園をイメージしている）、レモンの輪切りをより綺麗に見える位置で乗せたり。作る人によって見た目が違うのはご愛敬。慣れたいまでは見ただけで誰が作ったかわかる。野菜の切り方ひとつにも個性は出る。ピーマンが分厚かったり薄かったりと、結構違う。そのあたりはオーダーを作る段階で量の差異が出ないように調整する。サンドイッチの切り方も、マスターを見ている限りどうやら自由らしい。やかんや寸胴（ずんどう）は重いので、かなりの力仕事でもある。腰に来るし、右腕と左腕で筋肉のつきかたが全然違う。あと、日々の業務で瞬発力が身についたのか、わたしはゲームセンターのワニワニパニックが異様に得意になった。

前述したように、店は狭く少ない人数で回しているので、一度に作れるオーダーの数は決まっている。なので、忙しくてオーダーが溜まったときはお客さんに少し待ってもらって、順番に作るしかない。しかし、待つと言ってもせいぜい二十分程度なので、それが待てないのであれば喫茶店はおすすめしない。一生懸命作るので、時間をください。

忙しいときにマスターが参戦すると、もうめちゃくちゃになる。マスターでありながら一番テンパってしまうのがこの人なのだ。まずものすごい勢いで洗い物を片付け、ときにグラスを割り、シンク周りをビチャビチャにしたあとオーダーを手伝ってくれる。クリームソーダのことを「クリソ」と変な略し方をしながら、「クリソ、計六つです!!」と叫んでいたりする。連休の忙しいときにはシロップの蓋（ふた）がないだけで「蓋が！　蓋がありません！」と大騒ぎしていて、カウンターのお客さんが噴き出していた。「もうだめだ……」という悲痛な声が聞こえてくるときもある。マスターですら泣き言を言いたくなる店なのである。

そういえば一度、めちゃくちゃ謙虚な常連の畑山さんという男性が、店が混んでいるのを憂慮したのか「あの……もし、ご迷惑でなければ、追加のトーストをいただけますか」と聞いてきたことがあって爆笑した。謙虚すぎるというか、繊細すぎるというか、そんなのいいに決まってるじゃん！　と肩を叩きたくなった。しかし、お客さんですら心配になるくらい、厨房はオーダーが続くと大変なのである。畑山さんは足が悪いお年寄りのために、わざわざ自席から立ち上がって入り口のドアを開けてあげたりするような善人である。わたしは彼が頼むナポリタンの具は多めに入れている。

早番でごくたまにあるのだが、一緒に入っている人が寝坊した場合はワンオペでホールも厨房も頑張る。わたしも何度か経験したのだが本当にきつい。特に土日は開店即満席になることが多いのだが、そんな日にワンオペになる悲劇もときに訪れる。仲の良い常連さんからは「今日一人なの？」と聞かれ、他のお客さんも目で心配してくれているのがわかる。お客さんはみんなやさしいので、ただただ待っていてくれてありがたい。それにしても、ワンオペのときの常連さんのグルーヴ感はすごくて、こちらの負担にならないタイミングを見計らって皆お会計を頼んでくれる。何かを作っていたりコーヒーを淹れている瞬間ではなく、洗い物が終わった一瞬の隙をついて「お会計お願いします」の声が飛んでくる。言葉を交わしたことはないが毎日顔を合わせている面々が、示し合わせたようにお会計の列を作るのである。これには思わずほくそ笑んでしまった。おかげさまで効率よく仕事ができ、限界にならずに済んだ。ピンチのときも笑わせてくれてありがたい。

わたしの腕には無数の傷があり、いま現在も更新し続けている。よく自傷やDVなどの悲しい想像をさせてしまうが、そうではない。この店の厨房の中が戦場なのだ。火傷や切り傷は日常茶飯事。ついこの間もやかんの湯気で火傷してしまった。厨房の中は危険がいっぱいだ。よく研いだ包丁や、熱々のオーブン、火力がやばすぎるコンロ。毎日誰かしらが負傷している気がする。コンロにかけておいたフライパンがたまに燃えているときがあって、最初はこの世の終わりみたいな気持ちになった。濡れたふきんをジュッとかければすぐに落ち着くのだが、業務用コンロの威力たるや。慌てていると包丁で指をスパッといってしまうし、熱湯が足にかかってしまうこともある。特に危ないのは熱した油で、火傷をすると病院通いになってしまう。

自分では気にしていないつもりだったが、夏に半袖で過ごしていると「その痕どうしたの?」とよく聞かれてしまう。確かに綺麗とは言いがたい腕だが、一度見ず知らずのおばあさんに「お嫁にいけないね」と言われたことがあった。咄嗟のことだったので無視したが、あとからじわじわ傷ついていた。しかしある日同僚に、「マリちゃんの腕の写真撮りたい。かっこいいんだもん」と言われたとき、そんなことどうでもよくなった。綺麗じゃなくても構わない。

卒業

「ひーん」という声が浴室に響く。涙が溢れて止まらない。こんなに泣いたのはいつぶりだろうか。泣いたって仕方ないと思いつつも、悲しみに暮れている自分がいる。

大好きな先輩であるえいこさんから「お店を卒業することにしたんだ」というメッセージが届いたとき、わたしは硬直した。信じられないというか、信じたくないというか、とにかく現実が受け止められずに、パニックに陥っていた。「居心地がよくて、長く居すぎちゃったんだよね」と語るえいこさんは勤続十年。長く働いているからこそ、ずっといてくれるものだと思っていた。「まだ先なんだけど、マリちゃんには言っておきたくて」という言葉も、素直に喜べない自分がいる。「そうなんですね！　寂しくなりますが、お世話になりました」と、物分かりのいい後輩を演じたが、本当は嫌で嫌でたまらなかった。「辞めてもよろしくね」というありがたい言葉までもらっているし、たまに私生活でごはんに行くこともあるのに、もう一緒に働けないという事実がショックで、涙が止まらない。その日は泣き疲れて眠った。いままで何人もお店を卒業していったが、泣くほどショックを受けることはなかった。入りたてで仕事を教えてもらった日、激混みして二人でてんやわんやしながら働いた日、おしゃべりに花が咲いてオーダーを忘れていた日、様々な思い出が一気に押し寄せる。我ながら大げさだと思うが、えいこさんは特別な存在だったのだ。

えいこさんとわたしは似ていた。似ていたと一方的に言うのはおこがましいかもしれない。えいこさんはおしゃれで穏やかな人で、表面的には全然違う二人だが、笑いのツボや好きなものはことごとく同じ。初めて一緒に仕事をしたときから、波長が合うとはこのことか、と思った。お互いが何を言いたいか、何を言わなかったかもわかるような気がした。そのせいで勤務中でもおしゃべりが止まらず、仕事の手が全然進まないこともしばしばあった。えいこさんはとにかくやさしくて、聞き上手で、何を話しても否定されることがない。その居心地のよさに、わたしはいつも甘えていたのだと思う。

四年間ずっと、週に一回は一緒に組んで働いていた。その時間がとても好きで、どんなに疲れていてもわたしの癒やしだった。仕事なのに、二人ともお菓子を持ってきては「茶話会」と称して、よくお茶を楽しんだ。えいこさんはジャスミンティーが好きで、仕事が一段落つくと「ジャスミン淹れるけど飲む？」と聞いてくれた。ジャスミンティーを蒸らしているときのふんわりとした香りと、ゆるやかに流れる時間。えいこさんは会話の引き出しが多かったが、たいていが笑い話だった。彼女は聞き上手だが語り手としてもユニークで、よく息ができなくなるくらい笑った。その笑い声にびっくりしたお客さんからの視線を浴びたことが何度もある。えいこさんが授業をサボって親友とシーソーで遊んでいて、（いま突然飛び降りたらどうなるんだろう）と思って飛び降りたら、その反動で跳ね返ってきたシーソーが顔面を打ち付けて病院送りになったという話には涙が出るほど笑った。てっきり小学生の頃の話だと思って「何年生のときですか？」と聞いたら「中三」と答えていてすごかった。それでも、五歳年上の彼女は姉のような存在だった。

わたしは最初、執筆活動のことを店の誰にも教えていなかった。いまは隠しておらず、読みたかったら勝手に読んでほしいというスタンスでやっているが、最初は秘密にしておこうと思っていた。二〇一八年五月、わたしは「文学フリマ東京」に参加した。文学フリマとは同人誌の即売会である。「文章を書きたい」という一心で同人誌を作り、エッセイを書いた。それがきっかけで出版社から声がかかり、商業誌にエッセイやコラムを寄稿するようになったのだ。はじめて「文章を書いてほしい」と言われたときの胸の震えを、昨日のことのように覚えている。そのことばかり考えて、ふわふわとした心持ちで過ごす日々。夢のまた夢だったことが現実になっても、自分を知っている人には話さなかった。「エッセイ」という私的な作品を読まれることの恐ろしさ。心臓が冷えてゆく感じ。これは家族にも友人にも言えない、わたしだけの慰みだと思っていた。

そんなとき、えいこさんと遊びに行く機会があった。町中華を食べながら話しているうちに突然「この人になら打ち明けたい」という想いが心の底から湧き上がってきた。タイミングを何度もうかがいながら、「わたし、実は文章を書いていて」と震えた声で話す。言葉を繋いでいくうちに涙が出てきそうになるが、「趣味が仕事になりそうだ」とやっとの思いで言えた。「すごいね、おめでとう」と言うえいこさんの目は輝いていて、また泣きそうになる。作品を渡したあとにもらった感想の手紙はいまでも大事にとってある。

忙しいときや心に余裕がないとき、いつもえいこさんのことを思い出す。新人時代にミスをしても怒らずに教えてくれたこと、面倒なオーダーが続いても嫌な顔ひとつせずにマイペースに作っていたこと、迷惑なお客さんが来ても「変わった人だったね」で済ませていたこと。やさしさは強さを裏打ちする。えいこさんは色んなことを教えてくれた。憧れの人はいま、画家として輝いている。

もう一人、わたしには尊敬する人がいる。先輩である茉希さんだ。茉希さんはわたしの一つ年上で、クール系の美人だがちょっと天然というギャップのある人物。彼女は我が店の大黒柱といってもいいくらい仕事ができ、マスターや他の同僚に留まらず、お客さんたちからも厚い信頼を得ている。作る料理もコーヒーも茉希さんのものはクオリティが高く、この店で働く者としての矜持を感じる。なかでも茉希さんが淹れるココアは絶品で、寒い季節になるとよくお願いして作ってもらっていた。カカオが香る濃いめのココアは、冷えた身体を温めてくれた。

茉希さんは人見知りだ。最初は嫌われているのかと思ったが、打ち解けてからは早かった。おすすめの映画、最近買った化粧品、恋の話、とりとめのないことを何時間でも話した。プライベートでも遊びに行くことが多かった。勤務終わりに飲みに行ったり、ごはんを食べたり展示を見に行ったりと、友だち同然の付き合いをするようになった。茉希さんとは仕事で週のほとんどを一緒に過ごしているのに、この仲良しっぷり。他の同僚も交えて遊ぶ機会も多く、楽しい思い出がたくさんできた。

茉希さんの店に対する思いはまっすぐだった。どんなにオーダーが溜まっても、見た目にも味付けにもこだわった品をスピーディーに出す。店をいつも綺麗に保つために掃除をする。誰もやりたがらない仕事を率先してやる。常連さんへの手厚い対応も忘れない。あまりにも真面目で一生懸命なので、「あなたがマスター？」とお客さんに言われることもあった。店内の花を生けるのも茉希さんの仕事だった。毎週届く花を、いくつもの花瓶に生ける作業。センスのいい彼女は適役で、その花がお客さんや店員たちの心を癒やしていた。わたしは茉希さんが花を生けているところが好きで、仕事をしながらよく見とれていた。

た。

茉希さんは人に仕事を指示することがほとんどない。一人で黙々とやっている。その姿には学ぶことが多く、わたしも彼女に倣(なら)ってシンクを磨いたり窓を拭いたりした。掃除はマスターの仕事なのだが、手が空いているときは自分たちの手でお店を綺麗に保つようにした。茉希さんの仕事っぷりは本当に見事で、カウンターに座るお客さんは皆目が釘付けになっている。わたしも彼女を手本として、仕事をやってきた。そして願わくは彼女の右腕になりたかった。

そんな茉希さんもこの店を卒業した。六年間勤務していたというのだから、よく働いてくれたと思う。茉希さんはみんなに愛されていたから、最終勤務日には大勢のゆかりある人たちが駆け着けて、彼女の門出を祝った。わたしも客として赴き、茉希さんの最後の勇姿を目に焼き付けた。楽しそうに働く茉希さんを見ていたら、色んなことがあったなあと思った。これから茉希さんがいない土日を想像しただけで大変だが、それよりも、もう一緒に働くことができない寂しさが一気に押し寄せる。冬になってもあのおいしいココアが飲めない。ふざけあうことができない。しかし、それでも日常は続く。

この本ができあがる頃には、茉希さんは新しい職場で働いていることだろう。義理堅い茉希さんのことだから、きっとわたしの本を買って、読んでくれているのだと思う。わたしの執筆活動をずっと応援してくれたのも茉希さんだった。同人誌も、寄稿した雑誌も、全部買って読んでくれていた。彼女のやさしさに触れるたびに心が潤（うるお）った。寂しいけれど、茉希さんには茉希さんの人生がある。でもどうか、この店で輝いていた思い出だけは忘れずにいてほしい。いま、バトンが渡されようとしている。自分で作るココアは、少し甘すぎる。

人生の分かれ道

　わたしにはかつて、会社員だった時代があった。遠い昔のことに思えるが、いまから数年前のことだ。そこでは新卒で二年働き、身も心もぼろぼろになって辞めた。それからほどなくして働き始めたのがいまのお店だ。最後に、わたしがこの店に行き着くまでの物語を書いてみよう。

　東京の私立大学に通っていたわたしは、四年生になっても、周囲の人のように就職活動に専念することはなかった。いまになって思えば、会社の説明会くらい行ってもよかったはずだが、それすらもしなかった。自分のやりたいことがわからない。なりたい職業がわからない。悩みを人に言えない性分が邪魔をして、誰にも相談できずにいた。ちゃらんぽらんな性格も手伝って、「就職を諦めている」とまで噂されたことがある。だが、そんなことはない。どこかで働きたい、やりたいことを見つけたいという気持ちはあった。しかし、本が好きで音楽も好きだったわたしは、どちらの道も諦めきれずにいた。そうしている間にもタイムリミットは迫る。「とりあえずどこかに就職しなければ」と思い、女性用下着の会社の面接を受けることになった。なんとなく受けたにもかかわらず、結果は採用。面接を受けたのはその会社だけの、あっけない就職活動だった。

わたしがこの会社を選んだ理由のひとつに、「大企業だから」というものがあった。いま思えば馬鹿馬鹿しいのだが、当時は切実だった。誰でも知っている会社で働けば、誰にも馬鹿にされないのでは、という淡い期待もあったし、実際そうだった。わたしの就職先を聞いた同期からは「すごいね」と賞賛を受けたし、親からも安心された。これでよかったと思う自分がいた。普通の人生を歩むことが、自分も周りも幸せにすると信じていた。たとえそれが、好きなものを諦めることだったとしても。

厳しい研修期間を経て、店頭に立つ。覚えたばかりの知識と慣れない接客であたふたしながらも、怒濤の日々は続いてゆく。特に入社半年が経った頃、店長を任されてからは早出残業の激務が続いた。もともと真面目な性格だったのかもしれない。目の前の仕事以上に、上司からの期待に応えようと必死だった。とにかく数字を残さなければという使命感だけで何時間も働いた。結果がすべての世界である。目標予算をいかに上回る売り上げを作るか、寝ても覚めても考えていた。身体的な疲れだけならまだ頑張れたものの、精神的に参ってしまうことが多くなったのもこの頃だ。同業他社からのいじめに遭い、取引先からのセクハラも絶えなかった。若くて女だからこんな目に遭ったのだと、いまだったら言える。店長とはいえ、実績を残せば他社に妬まれるし、取引先のおじさんには性的な質問や、私的な食事の誘いをしつこく受けることもあった。辟易した。お客様からの理不尽なクレームにも耐えた。言い返してやりたいことも多かったが、自分はブランドの看板を背負っている。下手な対応はできない。思ってもいない「申し訳ございません」を連呼して、モンスターのような客に頭を下げるのが精一杯だった。

　自分さえ我慢すれば、といつも思っていた。社会人なんだからこれくらい当たり前だ、とも思っていた。思うようにした。耐えることが大人になることで、いつかはこの痛みにも慣れてくる、そう信じるほかなかった。ゆるやかに病んでいるのにも気づかないまま、働き続ける。ある日の出勤時、満員電車で突然涙が出たことがあった。何も考えていなかったのに涙がとめどなく溢れる。間違いなく、心が悲鳴を上げていた。

入社して一年が経つ頃から、身体に変化が起きる。生理がこなくなったのだ。慢性的な疲れは感じていたものの、ここまで露骨に症状が現れると焦る。しかし病院に行く暇もなく、やり過ごす日々。たやすく人に言える悩みでもなかったので、一人でずっと不安に苛まれていた。その次は、夜眠れなくなった。以前までは疲れると気絶するように眠りについていたのだが、疲れが溜まっていても寝付けない現象に悩まされた。眠れないことに焦りを感じ、余計に眠れなくなる負のループにハマる。気がつけば空が白んでいて何度絶望したかわからない。疲れがとれない身体に鞭(むち)を打って働く。心も身体もボロボロだった。

社員食堂で束の間の休憩をしているとき、「眠れる薬」をネットで探した。身体が限界を迎えていたのだ。当時は薬機法もゆるかったので、海外の睡眠導入薬を簡単に購入することができた。シンガポールからやってきた薬は青い色で、飲むとだんだん眠たくなった。

久々に十二時間も眠った。泥のように眠れたことに感動して、この薬の虜(とりこ)になった。効能を調べていると、精神安定薬としても使われていることを知り、仕事中にもこっそり飲んだ。わたしのお守りだった。

もともと酒好きだったのもあるが、仕事のストレスが拍車をかけて、毎日の酒量は増えるばかりだった。毎日やけ酒に近い感覚で飲み、痛む胃をさすりながら出社する。シラフでいるのが怖くて、いつまでも酔っていたかった。ある日、行きつけの居酒屋で焼酎のお湯割りにぽつんと涙が落ちたとき、限界を悟った。耐えられず心療内科の扉を叩くと、自分には無縁だと思っていた病名を告げられた。もう辞めよう、全部辞めてしまおう。すぐに辞表を提出した。会社には引きとめられたが、最後まで本当のことは言わなかった。自分が惨(みじ)めで仕方なかった。親しいお客さんに挨拶をしている間は離れがたかったが、最後の出勤を終えて帰ったあと、すぐにハイヒールを捨てた。色んな人の顔が思い浮かんで、走馬灯のようにぐるぐる回る。あれだけ辞めたかったのに、いざ辞めてみると、自分は病気持ちの無職であるという事実しか残らない。それが後ろめたくって、情けなくって、身体が透明になって消えてしまいそうだった。

それからは躁状態にあったように思う。転職先を探さずに辞めた身であるにもかかわらず、日本中を旅行した。飛行機や新幹線やバスに乗って、わたしはどこまでも身軽だった。思いつきで旅をして、気の向くままに漂って、お酒を飲んで眠る。現実から逃げ続けた、二十四歳の春。夜の鴨川で缶ビールを飲んでいるとき、もう観念しよう、と東京へ戻ることを決意した。

とりあえず何かしなければ。煙草を吸いに入った喫茶店の入り口に、「ウエイトレス募集」の貼り紙があった。これからどうしよう、と求人サイトを開く。正直、ばりばり働けるほどの体力と気力はもうなかった。贅沢は言わないから、「当面」食べていけるだけの仕事でいい。やりたいことって何だろう。わからない。何ができるだろう。わからない。ウエイトレス、募集……。貼り紙の電話番号を控えて、家に帰ってすぐに電話をした。完全に勢い任せだったが、すぐにマスターと繋がり、面接をする運びとなった。「今日貼り紙したばっかりだよ」とマスターは電話口で驚いていた。いま思えば、縁があったのかもしれない。

面接はとにかく長かった。二時間半くらいかかっただろうか。せっかく書いた履歴書はあんまり見られていない。できることや仕事の経験の有無は聞かれなかった。わたしがどうあるかというよりは、マスターが自分の店に対する思いや考えを述べ、それに賛同できるかどうかが鍵だったように思う。とにかくこの店で働くには「やさしさ」と「思いやり」が必要で、仕事ができなくても構わないと言われたときは衝撃だった。道徳の授業を思い出す。「やさしさ」や「思いやり」という目には見えないもので人の価値を測るのは難しい。しかし、それなくしては仕事は成り立たない、楽しくやらなくちゃ意味がないというのがマスターの持論だった。しかし、「あなたならできます」という一言で、ここで働くことを決意した。

ほんの軽い気持ちで始めた仕事が、もう五年目になった。月日が経つのは早いものだが、この職場が、仕事が、自分に合っていたということは、この本を作ったことで証明できるだろう。いまは喫茶店で働く傍らで執筆業もしている。もしもこの店で働いていなかったら、とよく考える。いまみたいに堂々と生きることもできず、めそめそしたままだったかもしれない。間違っていることを間違っていると言う勇気すら持てなかったかもしれない。わたしは変わったし、変わることができた。たくさん戦ったし、戦えた。思い描いていた未来ではなかったけれど、自分の生きる道をやっと見つけた。

あとがき

本書は、柏書房のｎｏｔｅ「かしわもち」で一年間連載していた『常識のない喫茶店』を大幅に加筆・修正し、書き下ろしを寄せたものです。

きっかけは、同人誌即売会文学フリマ東京で、このエッセイのプロローグを無料頒布していたことでした。会場で、それを読んだ青年がすぐにわたしのブースに戻ってきて、「これめっちゃわかります。実家が中華屋なんですけど、共感しかないです」と言ってくださったのが印象的でした。あの青年がこの本を手にとってくださっていたら、お礼を申し上げたいです。一枚の紙切れだったこのエッセイが、一冊の本に姿を変えるまで、色んなことがありました。

わたしは社会に適応できませんでした。事実として申し上げます。新卒で入社した会社を逃げるように辞めたわたしは、人生になんの目標もないまま、とりあえず喫茶店のバイトで食いつなぐことにしました。会社を辞める前から通っていた喫茶店は、いつ行っても居心地がよく、不思議な空間でした。面接は二時間半。どういう気持ちでお店をやっているか、どんな人を雇いたいか。マスターは熱弁を奮います。その熱量にあっけにとられながらも、「働くこと」について思いを馳せました。「やさしい人しか雇わない」「お客様にも、従業員にも、業者の方にも思いやりを忘れてはならない」「働いている人に失礼な態度をとる人はお客様ではない」という理念に心から賛同したのです。

人生のどん底にいた時期にこの喫茶店で働き始めて、これまでの常識や価値観をすべてひっくり返されました。勤務中のおしゃべり自由、髪型・髪色自由、接客も自由。お客さんと喧嘩していい、出禁にしてもいい。自分の気持ちに正直になることで、自分という存在を肯定できるようになりました。「もう来ないでください」という一言を、わたしはずっと言いたかったのかもしれません。「こっちは客だぞ」「店員のくせに」なんて言われても、「こっちだって人間だ」と言い返せます。店員にも感情があります。店員である前に一人の人間であり、誰かの大切な人なのです。

やさしい同僚、良識のあるお客様に出会い、固くなっていた心がほぐれました。人間関係に深く悩んだ過去でしたが、やっぱりわたしは、人を好きになることを諦めたくなかったのです。友達と働いているような日々は楽しく刺激的で、働くのが苦ではなかった。同僚は戦友のような存在で、わたしのよき理解者です。

もちろん、店員同士ですれ違うこともあります。マスターのやり方に納得できないこともあります。ときに反発し、意見がぶつかることも、いままで何度もありました。しかし、そのたびに話をして、お互いの意見を尊重してきました。一緒に働いていると、絆は深まるばかりです。よく笑い、ときに怒り、そして励まし合いながら月日を重ねてきました。わたしは強くなれたと思います。いつ辞めても悔いがないほどには、成長できたと思っています。これから先、どんなことがあろうとも、この店で働いていた日々を思い出せば、自分らしく生きていける気がします。

この連載のための原稿を書いているとき、色んな顔が思い浮かびました。書いていくうちに、あの人のことも書きたい、この人のことも書きたい、という欲がとめどなく押し寄せてきました。好きな人も嫌いな人もよく覚えていて、わたしの物語を描く上で欠くことのできない存在です。

接客とは、人との出会い、そのあわいを自分の糧にする職業だと思います。名前も知らない人と顔を合わせるうちに、やがて挨拶するようになり、関係性が築かれてゆく。元気のない日でも、同僚や好きな常連さんと二言三言話せば明るくなれます。働いていると、思いがけずうれしい言葉をもらえることもあります。「おいしかった」「いつも頑張ってるね」など、ささいな言葉ではあるものの、じんわりと心が癒えていくのを感じます。接客は、楽しいです。

いいお客さんを守るために、いい店でありたい。そう思って、この日まで店に立ち続けました。人と接することで生まれた感情、心の機微、そういったものをすべて抱きしめながら、この先も生きていきます。無駄なことなんてなかったのです。

本書の刊行に際して、素敵な装画で表紙を飾ってくださった我喜屋位瑳務さん。我喜屋さんが描くイラストは、いつもわたしを異次元へ誘ってくれます。装画は宝物です。

また、美しい装丁はオクターヴの木庭貴信さんと岩元萌さんが手がけてくださいました。なんと、木庭貴信さんはかつての常連さんという不思議な偶然。お客様としても、お待ちしております。

帯文を書いてくださったのは、憧れであるこだまさんです。私が文学フリマに出ようと思ったのも、こだまさんの著書を読んだからです。帯文を読んだとき、うれしい気持ちでいっぱいになりました。

そして、担当編集の天野潤平さん。毎回、原稿に真摯なアドバイスをいただき、おかげさまで安心して仕事をすることができました。このエッセイを自由に書くことができたのも、天野さんが著者を守ってくれる編集者だったからです。一緒に本を作ることができて誇らしい気持ちでいっぱいです。本当にありがとうございました。

「常識のない喫茶店」を愛するお客様、同僚たち、マスター夫妻、そして連載を見守ってくださった読者の皆様、本を手にとってくださった方々にも御礼申し上げます。この本が皆様の手に届くまでに、出版社、印刷所、運送業者、書店、様々な方々の力をお借りすることになります。働くすべての人々に感謝の気持ちをお伝えしたいです。本を出すことは、子供の頃からの夢でした。わたしの物語が、誰かの疲れた心に寄り添えますように。そして、誰かの居場所を守れますように。

二〇二一年八月

僕のマリ

本書の第Ⅰ部は、柏書房株式会社が運営する公式ｎｏｔｅ「かしわもち」で二〇二〇年六月から二一年五月にわたって連載された『常識のない喫茶店』を加筆・修正し、再録したものです。第Ⅱ部は書き下ろしです。なお、登場する人物はすべて仮名です。プライバシーに配慮し、エピソードの細部は適宜変更しています。

僕のマリ（ぼくのまり）

一九九二年福岡県生まれ。二〇一八年活動開始。同年、短編集『いかれた慕情』を発表。同人誌即売会で作品を発表する傍ら、商業誌への寄稿も行う。

Twitter：@bokunotenshi_

常識のない喫茶店

二〇二一年九月二五日　第一刷発行
二〇二三年七月二〇日　第五刷発行

著　者　僕のマリ
発行者　富澤凡子
発行所　柏書房株式会社
東京都文京区本郷二-一五-一三（〒一一三-〇〇三三）
電話（〇三）三八三〇-一八九一［営業］
（〇三）三八三〇-一八九四［編集］
装　画　我喜屋位瑳務
装　丁　木庭貴信＋岩元萌（オクターヴ）
印　刷　壮光舎印刷株式会社
製　本　株式会社ブックアート

ISBN978-4-7601-5392-3